이제는
실행하라

국립중앙도서관 출판시도서목록(CIP)

CIP 제어번호 : CIP2010004829

※ 이 도서의 CIP는 e-CIP 홈페이지(http://www.nl.go.kr.ecip)에서 이용하실 수 있습니다.

심리분석을 통한 자기발견
이제는 실행하라

2004년 11월 5일 초판 1쇄 발행
2010년 5월 15일 초판 11쇄 발행
2011년 6월 10일 개정판 2쇄 발행

지은이 | 김태흥
펴낸이 | 김태화
펴낸곳 | 파라북스

주 간 | 이성옥
기 획 | 조은주, 홍효은
마케팅 | 박경만
책임편집 | 전지영
본문디자인 | 엔드디자인
일러스트 | 허은아

등록번호 | 제313-2004-000003호
등록일자 | 2004년 1월 7일
전화 | 02) 322-5353
팩스 | 02) 334-0748
주소 | 서울특별시 마포구 서교동 343-12
홈페이지 | www.parabooks.com

ISBN 978-89-93212-31-0 (13320)
copyright © 2011 by 김태흥

*값은 표지 뒷면에 있습니다

| 심리분석을 통한 자기발견 |

이제는 실행하라

| 김태흥 (한국리드십연구소 소장) 지음 |

파라북스

추천사

"실행하라!" 이 얼마나 간단명료한 말인가!

몰라서, 혹은 능력이 없어서, 주변여건 때문에……. 이 모든 핑계를 몰아내고 바로 움직일 수 있도록 해주는 김태홍 소장님의 굵고 힘있는 목소리가 귓가에 울려퍼진다.

에니어그램에 근거한 이 책은 '평상시 나는 왜 이럴까?' 하고 고민해왔던 많은 사람들에게 근본적인 해결책을 제시하고 있다. 언제나 좋은 말씀으로 우리에게 동기를 부여해주는 소장님의 글이 많은 이들에게 힘과 용기를 주기 바란다.

이시은(수원여대 영어과 외래교수)

당신이 만약 성공하기를 원한다면 당장 이 책을 읽어라! 두려움으로부터 해방되어 희망과 용기가 샘솟을 것이다.

좋은 아이디어는 많지만 실행으로 옮기지 못해 늘 후회만 해왔다면, 이 책을 통해 강력한 실행 방법론을 전수받아 더 나은 미래를 창조할 수 있을 것이다.

김환영(교육학 박사)

어떤 일을 확신하고 결단을 내렸으면 남은 것은 오직 실행뿐이라는 사실을 '인간 심리 분석과 습관의 변수'를 가지고 짜임새 있게 풀어놓은 이 책은, '미루맨'들에게 실천을 통한 목표달성의 네비게이션이 되리라 믿는다. 나 역시 이 책을 읽는 동안 나의 성장동력을 위한 엑셀러레이터에서 다시는 발을 떼지 않으리라 결심하게 되었다.

양내윤(유머경영연구소 소장)

삶을 성장시키는 것은 '생각'이 아니라 '실천'이다. 그러나 우리는 좋은 생각을 실천으로 옮기는 것을 가로막는 여러 가지 내면의 장애물을 가지고 있다. 이 책《이제는 실행하라》는 그러한 자기 내면의 장애물에 대해 명확하게 이해함으로써, 당신의 성장을 위해 가장 필요한, 그러나 당신이 오랫동안 미루었던 일을 즉각 실행하게 해줄 것이다.

주혜명(에니어그램 전문가)

"뛰면서 생각하라"라는 말처럼 사람들에게 행동을 강조하는 가르침은 예부터 수없이 강조되어왔다. 사람들은 그만큼 행동의 중요성을 잘 알면서도 일을 쉽게 뒤로 미루는 경향이 있다. 따라서 저자가 미루는 성향을 에니어그램의 유형에 따라 분석하고 자연스럽게 행동을 유발하기 위한 지침서를 낸 것은 대단히 획기적인 일이며, 지금의 우리 사회에 꼭 필요한 쾌거라고 평가한다. 이 책은 정주영, 김우중 등 한국의 대표적 CEO의 예를 들어 이해를 돕는 한편, 독자의 피부에 와닿는 사례들을 통해 이론서가 아닌 생활에 밀착된 실천서로서 많은 공감을 불러일으키리라 확신한다. 그래서 움직이고 행동하는, 앞서 실행하는 당신을 기쁘게 만나게 될 것이다.

심교준(한국NLP연구소장 NLP트레이너)

많은 세월이 지나고 난 다음에 과거를 돌이켜보면 후회할 일들이 한두 가지가 아니다. 그러면서도 이유를 몰라 답답했던 나는 이 책을 읽으며 무릎을 칠 수밖에 없었다. '그래, 그랬었구나. 나의 내면의 이런 경향이 나를 붙잡고 있었어!'
 이제 참된 자유의 마음이 나를 신나게 한다. 진정한 서비스의 강자가 되기를 원하는 모든 분들에게 이 책을 권하고 싶다.

서자원(한국 프로토콜스쿨 원장)

사람들은 왜 웃지 못할까? 세상을 웃음천국으로 만들기를 원하는 나는 그것이 궁금했다. 그러다가 김태홍 소장을 통해 나의 내면을 들여다보고 타인의 마음에 대해서도 이해할 수 있게 된 나는 그제서야 비로소 남들을 웃게 만드는 묘약을 처방할 수 있게 되었다. 슬픔을 웃음으로 치료하기 원하는 대한민국의 국민 여러분, 이 책을 통해서 자신을 알고 '당장 실행'해서 성공의 웃음을 크게 웃자고요!

요셉(웃음치료 사역자)

현재 한국사회에 불고 있는 자기계발 관련서의 붐은 안타깝게도 미국에서도 가장 부정적인 모습만을 따라가는 듯한 인상을 준다. 책을 쓰는 사람은 부자가 되는 반면 책을 읽은 사람은 여전히 고통받는 불합리한 현상이 벌어지고 있는 것이다. 이는 한국사회에 초창기 성공학 이론이 제대로 뿌리내리기도 전에 성공을 파는 사업, 그 자체만 도입됨으로써 일어난 일이다. 이런 상황에서 김태홍 소장이야말로 독자를 위한 진실된 성공학을 전파하고 한국사회에 성공학 이론을 제대로 뿌리내릴 수 있는 가장 적합한 인물이라고 생각한다.

정해윤《성공학의 역사》 저자)

개정판을 내면서

실패하는 사람들의 공통점, 실행력의 부족

성공법에 대한 수많은 이론이 이미 다양한 책으로 출간되어 있다. 하지만 아직도 대부분의 사람들은 성공하기를 바라면서 더 나은 그리고 더 쉬운 방법들을 찾고 있다. 이유가 뭘까? 사람들이 수많은 책을 읽고도 여전히 성공법을 찾는 까닭은 성공하는 방법을 모르기 때문이 아니다. 성공하기 위해 필요한 '실행하는 힘'을 키우지 못했기 때문이다.

이런 사실을 반영하듯 최근 들어서는 실행력 배양이 바로 성공에 다가서는 지름길이라는 인식이 높아져가고 있다. 더욱이 조직의 실행력 배양에 가장 중요한 역할을 하는 리더에게 실행력이 가장 중요한 덕목으로 부각되면서, 실행력 강한 리더가 되기 위한 조건들이 많이 알려지고 있다.

하지만 실행력을 키우는 것이 어디 말처럼 쉽단 말인가? 어렵기가 그지없다. 예나 지금이나 작심삼일은 여전히 통용되는 말이다. 결심은 야무지지만 결국은 다시 제자리에 서는 경우가 허다하다.

따라서 지금 필요한 것은, 실행하지 못하는 이유를 아는 것이다.

다른 어떤 처방보다 실행을 하지 못하고 일을 미루는 심리적인 원인을 아는 것이 훨씬 더 중요하다.

《이제는 실행하라》가 출간된 지 6년이 넘었다. 그동안 많은 독자들의 분에 넘치는 사랑을 받았다. 많은 기업체에서 필자를 실행력을 주제로 한 강의에 초청해주셨다. 또한 이 책의 이론적 근거가 되었던, 에니어그램에 관해서도 많은 강의 요청과 관심을 가져주셨다. 그러면서 모두의 고민을 함께 나누었으니, 필자에게는 참으로 보람 있는 시간들이었다.

사람들에게는 저마다 회피하고 싶은 심리적 아픔이 있다. 그것은 아주 오래 전에 이루어져, 자기만의 방식으로 살아오면서 저마다 사람들에게 고착된 것이다. 회피하여 고착된 것이 있으니, 집착도 자연스럽게 자리 잡았다. 그리고 이런 것들이 때론 장점으로, 때론 약점으로 작용하고 있다. 그것을 찾아내어 처방하면 실행력을 증강시키는 데 큰 도움이 될 것이다.

실행력 배양을 위해 일을 미루는 원인을 밝히고 그에 맞는 처방을 실은 《이제는 실행하라》의 초판 내용을 다듬고 사례를 추가하여 증보판을 내어놓게 되었다. 부디 많은 분들에게 도움이 되기를 바란다.

2011년 1월
김태홍

책머리에

용기, 그 실행과 성취의 동력

하루에도 수없이 많은 정보가 쏟아져 나오고 있다. 모두가 우리에게 유용하고 필요한 정보라면 좋겠지만 현실은 그렇지 못한 것 같다. 좋은 정보만이 넘쳐난다면 이 세상은 훨씬 더 살기 편하고 행복해지겠지만, 오히려 우리 삶은 질적인 면에서 예전에 비해 훨씬 더 퇴보되었다는 느낌이다.

'특이한 비법'이라든가 '숨겨진 비밀공개'라든가 '세상에 하나뿐인 방법' 등 우리의 시선을 잡아끌며 말초신경을 자극하는 말들의 배경에 어떤 의도가 숨어 있는 것은 아닌지 의심이 들 때가 한두 번이 아니다.

사람들을 만나 어울리며 가르치고 배우면서 벌써 많은 세월이 흘러갔다. 그들 중에는 필자를 힘들게 한 사람들도 있었지만 대부분은 도움을 주었던 고마운 분들이었다. 안타까운 경우도 있었는데, 열심히 일하며 착하게 살아가지만 성공에는 그다지 밝지 않은 분들이었다. 나름대로 그분들을 도울 수 있는 방법이 없는지 모색해보았지만 뾰족한 방법이 쉽게 떠오르지 않았다. 외환위기 한파가 어느 정도 누그러지는가 싶을 즈음 다시 전 세계적인 불황이 불어닥쳤다. 이런 불황이 닥칠 때면 역시 예의 그런 분들에 대한 걱정이 앞선다.

성경에 이런 말씀이 있다.

"비둘기처럼 순결하고 뱀처럼 지혜로워라."

비둘기처럼 순결하라는 말씀은 이해가 되는데, 뱀처럼 지혜로워지라는 의미는 쉽게 다가오지 않는다. 그러나 곰곰 곱씹어보면 이 것처럼 현실을 정확하게 직시해준 말씀도 없다. 이상과 현실의 괴리가 존재할 수밖에 없는 상황에서 현실에의 균형적인 삶, 그것은 뱀과 같은 지혜로움에서 비롯되는 것이다. 비둘기처럼 순결한 사람도 뱀의 지혜가 없다면 비둘기의 순결함까지 잃어버리게 된다는 의미라 할 수 있다.

열심히 살지만 가난하고, 순결하게 살지만 지혜가 없고, 많이 일하지만 적게 얻는 분들과 이 책을 함께하고 싶다. 그런 분들께 이 책이 작은 도움은 될 수 있으리라 확신하기 때문이다.

세상은 항상 변화하고 있다. 이런 세상을 살면서 적응하지 못하면 인생의 낙오자가 될 수밖에 없다. 그렇다고 해서 변하는 모든 것에 편승할 필요는 없다. 그리고 많은 변화가 있다고 하더라도 자신만의 변하지 않는 원칙과 건강한 마인드, 그리고 상식적인 진리를 가지고 살아가는 사람이야말로 지혜로운 사람이다.

청소년 시절 늘 말이 없고 내성적이고 자기표현에 서툴던 내가 어느 날 얻은 깨달음은 '용기 부족'이었다. 그 깨달음을 얻은 후, 항상 용기를 가져야겠다고 생각했고, 그것은 실행을 통해서만 가능했다.

20여 년 동안 설교하고 가르치는 일만 해왔던 나로서는 글을 쓴다는 것이 관심 밖일 수 있었지만, 새로운 일에 도전하고자 용기를 가지고 실행으로 옮기기 시작했다. 과연 '천리 길도 한걸음부터'라고 하더니, 어느 사이에 이렇게 한 권의 책으로 나오게 되니 실행의 힘이 새삼 느껴진다. 용기가 곧 실천이고, 실천이 성취를 일구어냈다는 기쁨이 든다.

글을 쓰는 동안 힘도 들고 압박감을 느낀 적도 많았지만 점점 더 나아지고 있다는 확신이 이 책을 완성하도록 만든 가장 큰 응원군이었다. 일단 시작했으니 앞으로는 훨씬 더 쉽게 글 쓰는 작업을 계속할 수 있으리라는 확신이 든다. 좋은 것은 계속될 수 있기 때문이다.

"성공은 1%의 영감과 99%의 노력으로 얻어진다. 즉시 실행하여 성공을 붙잡아라."

감사의 말씀을 드려야 할 분들이 너무나 많다. 우선 하나님의 세심한 사랑이 없었으면 오늘의 나는 없었을 것이다.

나에 대해서 항상 긍정적인 평가를 해주고 나의 가능성에 대해서 무한한 자부심을 느끼게 해준 류자형 목사님, 그리고 친구 신현명

목사님, 임종훈 목사님께 고마움을 전한다. 그리고 따뜻한 울타리가 되어주었던 메타커뮤니티의 김환영 박사, 함께 강의하는 즐거움을 주었던 이시은 교수, 주혜명 교수, 늘상 넘치는 에너지를 불러일으키는 이요셉 소장, 양내윤 소장에게도 이 자리를 빌려 감사의 말씀을 드린다.

나와 함께 사랑의 공동체를 만들고 믿음의 삶을 함께 나누는 가양중앙교회 성도들에게도 감사한다. 원고를 탈고하는 과정에서 세심하게 교정을 도와준 신지유 선생에게도 감사한다.

이 자리에서 고마웠던 모든 분들을 일일이 밝히지는 못했지만 나의 재능을 귀히 여겨주고 최고의 목사, 스승, 친구, 가족으로 대해준 분들이 있었기에 지금의 내가 있음을 기억하고, 그 모든 분들에게 진심으로 감사드린다.

마지막으로 끊임없는 신뢰와 지원을 해준 아내와, 믿음과 존경으로 지켜보아준 두 아들 의선, 의천에게 고마움을 전한다.

2004년 9월
김태홍

CONTENTS

추천사

개정판을 내면서_ 실패하는 사람들의 공통점, 실행력 부족

책머리에_ 용기, 그 실행과 성취의 동력

제1장 심리유형에 따르는 미루는 습관과 해결책

에니어그램을 통해 본, 일을 미루는 9가지 유형···18

유형 01_ 완벽하지 못한 것에 대한 두려움···22
즐겁게 일하면서 변화를 추구한다 : 서두칠···26
완벽함은 꿈을 이루게도 하지만 덫이 되기도 한다 : 박정희···29

유형 02_ 수치심에 대한 두려움···33
즐거움이나 이익을 돌려받을 수 있는 일을 한다 : 지승룡···37

유형 03_ 실패에 대한 두려움···43
자기 자신을 직시하고
내면의 성공을 바라본다 : 김우중···48
눈에 보이는 성공뿐 아니라 보이지 않는
성공도 중요하다 : 이명박···53

유형 04_ 평범한 것에 대한 두려움···57

　　타인과 공유할 수 있는 자신만의 독특함을 개발한다 : 천호균···61
　　새로운 경험에 적극적이고,
　　거듭된 실패에도 포기하지 않는다 : 스티브 잡스···66

유형 05_ 모르는 것에 대한 두려움···71

　　철저하게 계획하여 준비했다면 과감하게 실행한다 : 이건희···75
　　열심히 생각하고 독서하라. 그리고 집중하라 : 빌 게이츠···80

유형 06_ 안전하지 못한 것에 대한 두려움···84

　　사람에 대한 믿음과 이해를 토대로
　　불확실성에 대비한다 : 안철수···89
　　철저하게 준비하고 안전하게 대비하여
　　승리할 수 있는 싸움만 한다 : 이순신···93

유형 07_ 고통에 대한 두려움···98

　　끈기와 성실함으로 실패 앞에 당당히 맞선다 : 정문술···103

유형 08_ 약함에 대한 두려움···108

　　생각한 것을 실행함으로써
　　불가능을 가능하게 만든다 : 정주영···113

유형 09_ 갈등에 대한 두려움···120

　　폭넓은 포용력과 꾸준한 추진력으로
　　능력을 배가한다 : 최종현···124
　　고속성장 대신 느려도 조금씩
　　커가기를 선택했다 : 이나식품공업···127

제2장 실행할 수 있는 목표를 세워라

목표수립 원칙 01_ 비전을 가져라···132
목표수립 원칙 02_ 문제를 초월해 인생을 멀리 내다보라···136
목표수립 원칙 03_ 내 삶의 운전자가 되라···140
목표수립 원칙 04_ 분명한 방향을 설정하라···143
목표수립 원칙 05_ 자신에게 기대하라···148
목표수립 원칙 06_ 자신감으로 역경을 이겨라···153
목표수립 원칙 07_ 초점을 맞추어 전심전력하라···157
목표수립 원칙 08_ 동기부여에 의존하지 말고 의지력을 키워라···165
목표수립 원칙 09_ 자아 이미지에 맞는 목표를 세우고 관리하라···169
목표수립 원칙 10_ 감정과 목표를 일치시켜라···173
목표수립 원칙 11_ 긍정적인 감정을 동원하라···178

제3장 이제는 실행하라

01_ 가장 소중한 일에 힘을 집중하라···184
02_ 연습에 연습을 거듭하라···188
03_ 흔들리지 말고 최선을 다하라···192
04_ 잠재능력을 개발하라···196
05_ 자신을 믿어라 ···202
06_ 진실과 기다림, 믿음으로 대화하라 ···206
07_ 수익금의 30%는 미래를 위해 투자하라···211

08_ 시간과 노력의 30%는 미래를 위해 투자하라···216
09_ 옳다고 생각하면 즉시 실행하라···220
10_ 작은 실패를 연습하여 큰 성공을 만들어라···224
11_ 재테크도 실천력이 병행되어야 한다···228
12_ 사람들을 찾아 나서라···232
13_ 강한 의지와 열정을 가져라···236
14_ 다른 사람과 함께 성공하라···241

제4장 실행하는 사람은 뭔가 다르다

01_ 성공하는 습관, 실패하는 습관···248
02_ 다른 사람과 협력하는 방법을 익힌다···252
03_ 상대에게 마음을 열고 진심으로 대한다···256
04_ 한 발 앞서서 기회를 선점한다···261
05_ 독서하는 시간은 아끼지 않는다···266
06_ 확률이 적은 일에 승부를 걸지 않는다···270
07_ 자존감을 잃지 않는다···275
08_ 눈에 보이지 않는 순리를 따른다···280
09_ 부가가치를 키워 발전을 거듭한다···284

실행력 강화 코칭표

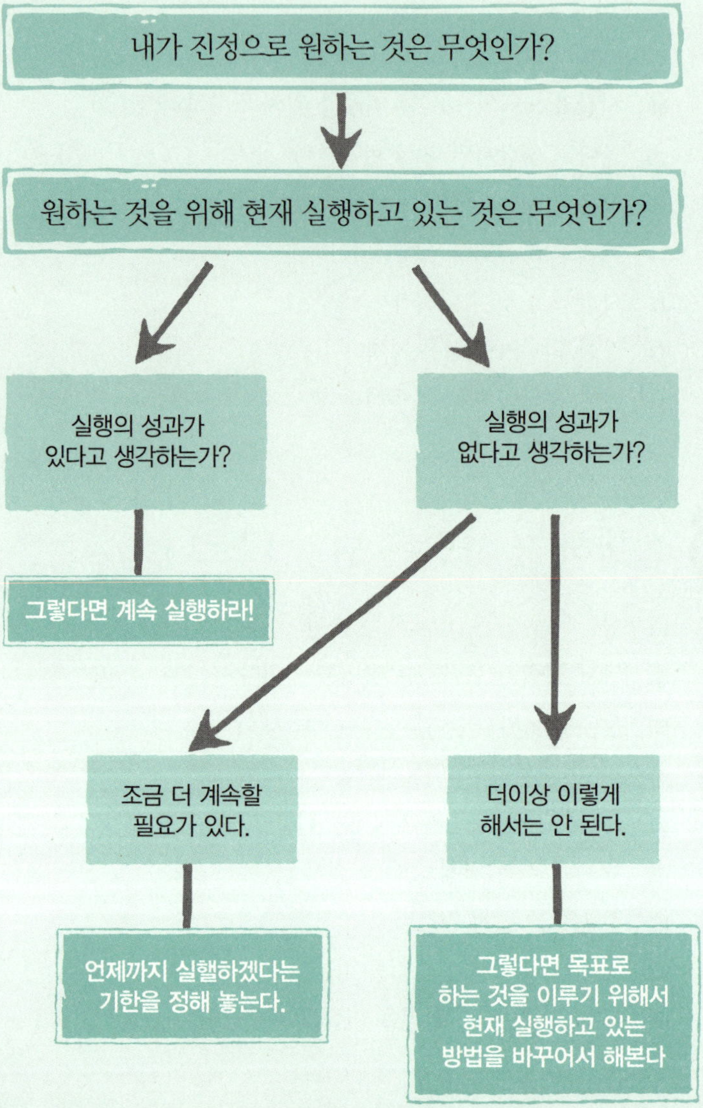

```
            ┌─────────────────────────────┐
            │ 내가 진정으로 원하는 것은 무엇인가? │
            └──────────────┬──────────────┘
                           ▼
    ┌─────────────────────────────────────────────┐
    │ 원하는 것을 위해 현재 실행하고 있는 것은 무엇인가? │
    └──────┬──────────────────────────┬───────────┘
           ▼                          ▼
   ┌───────────────┐         ┌───────────────┐
   │ 실행의 성과가   │         │ 실행의 성과가   │
   │ 있다고 생각하는가? │     │ 없다고 생각하는가? │
   └───────┬───────┘         └───────┬───────┘
           ▼                          │
   ┌───────────────┐                  │
   │그렇다면 계속 실행하라! │           │
   └───────────────┘                  │
                                      │
           ┌──────────────────────────┤
           ▼                          ▼
   ┌───────────────┐         ┌───────────────┐
   │ 조금 더 계속할  │         │ 더이상 이렇게  │
   │ 필요가 있다.    │         │ 해서는 안 된다. │
   └───────┬───────┘         └───────┬───────┘
           ▼                          ▼
   ┌───────────────────┐     ┌───────────────────┐
   │ 언제까지 실행하겠다는 │   │ 그렇다면 목표로     │
   │ 기한을 정해 놓는다.  │   │ 하는 것을 이루기 위해서 │
   └───────────────────┘     │ 현재 실행하고 있는  │
                             │ 방법을 바꾸어서 해본다 │
                             └───────────────────┘
```

* 플래너를 활용하여 1주일 단위로 성공을 위한 실행을 계속한다.

제1장

심리유형에 따르는 미루는 습관과 해결책

일을 제때 하지 못하고 뒤로 미루는 이유에는 상황적인 조건 외에 심리적인 상태가 큰 변수로 작용한다. 마음의 괴로움에 꼼짝없이 사로잡혀 오도 가도 못하는 것이다. 따라서 미루는 습관을 해결하기 위해서는 제일 먼저 자신을 짓누르고 있는 실체가 무엇인지 분명히 깨닫는 것이 중요하다.

에니어그램을 통해 본, 일을 미루는 9가지 유형

일을 제때 하지 못하고 뒤로 미루는 이유에는 상황적인 조건 외에 심리적인 상태가 큰 변수로 작용한다. 마음의 괴로움에 꼼짝없이 사로잡혀 오도 가도 못하는 것이다. 따라서 미루는 습관을 해결하기 위해서는 제일 먼저 자신을 짓누르고 있는 실체가 무엇인지 분명히 깨닫는 것이 중요하다.

1장에서는 일을 미루는 사람들의 유형을 심리적인 측면에서 분류하여 그 원인이 무엇인지 자세히 들여다보고자 한다. 원인을 정확히 알면 심리적인 압박감에서 벗어나는 길이 훨씬 더 넓어질 것이다. 그리고 그런 유형의 대표적인 사람들의 성공신화를 통해 그들은 어떻게 그런 습관에서 벗어날 수 있었는지 살펴보겠다.

이러한 분류는 인간의 성격을 파악하고 활용하는 도구 가운데 하나인 에니어그램(성격진단 프로그램)에 근거하고 있다. 에니어그램은 지금으로부터 약 4,500여 년 전(기원전 2,500년경) 중동지방(현재의 아프카니스탄)에서 처음 만들어진 것으로 추정된다. 성격유형 분류 가운데 가장 오랜 역사를 가진, 그야말로 고대의 지혜인 셈이다.

그리스어로 된 어원을 살펴보면 '에니어(ennear, 9, 아홉)'라는 단어와 '그라모스(grammos, 도형·선·점)'라는 단어가 만나 '아홉 개의 점이 있는 그림'이라는 뜻을 함축하고 있다. 원과 아홉 개의 점, 그리고 그 점들을 잇는 선만으로 구성된 단순한 도형, 그 안에는 우주의 법칙과 인간내면에 관한 모든 것이 상징적으로 표현되어 있는 것이다.

아홉 개의 점은 구체적으로 인간내면의 집착을 아홉 가지로 분류할 수 있음을 뜻한다. 인간은 아홉 가지의 내적인 집착 중 한 가지를 가지고 태어나는데, 이는 일종의 기질과 같이 에너지의 형태로 우리 내면에 존재하다가 개인이 처한 환경에 따라 현실적인 성격으로 드러나게 된다.

여기서 말하는 내면의 집착이란 인간이 가진 본질의 원천이다. 영적인 존재인 우리 인간은 자신 안에 우주와 합치할 수 있는 본질을 가지고 있다. 그러나 이러한 가치를 자기만의 좁은 틀, 즉 시간과 공간이라는 제한된 테두리 안에서 자기 식대로 해석하다 보니 본래의 자신을 잃어버리고 한 가지 집착에 매달리기 쉽다.

한 가지에 대한 집착은 수많은 문제를 일으킨다. 물론 여기에는 일부 장점도 있겠지만 에니어그램은 그로 인한 단점을 더 잘 드러낸다. 자신의 문제점을 통해 스스로를 바라봄으로써 그로부터 자유로워지고 나아가 자신을 한 단계 높은 수준으로 끌어올리도록 하기 위함이다.

에니어그램의 이러한 목적은 현대심리학과 결합되어 미국을 중심으로 한 수많은 기업에서 다방면으로 활용되어왔다. 현재 GM, AT&T를 비롯한 초일류 기업들은 인재 선발과 배치 등의 인사관리, 리더십 육성 및 조직운용 등에 에니어그램을 적용하여 탁월한 성과를 거두고 있다.

필자는 앞서 밝힌 대로 인간이 일을 제때 실행하지 못하는 내면의 심리를 에니어그램을 통해 분석하고, 그 해결책을 제시하고자 한다. 특히 각 유형에 해당되는 한국의 대표적인 CEO들과 정치인들, 그리고 그동안 필자에게 상담을 의뢰해온 여러 사례들을 소개함으로써 독자 여러분이 자신이 어떤 유형인지 파악할 수 있도록 하였다.

인간은 지혜로운 존재다. 자신의 심리적인 유형을 정확하게 파악한다면 누구나 일을 미루는 자신의 습관이 어디에서 비롯되는지 깨닫고 무기력한 자신을 다시 깨울 수 있다. 이제 눈을 똑바로 뜨고 다만 실행을 못해 성공에 이르지 못한 자신의 모습을 찾아 떠나보도록 하자.

애니어그램의 9가지 유형

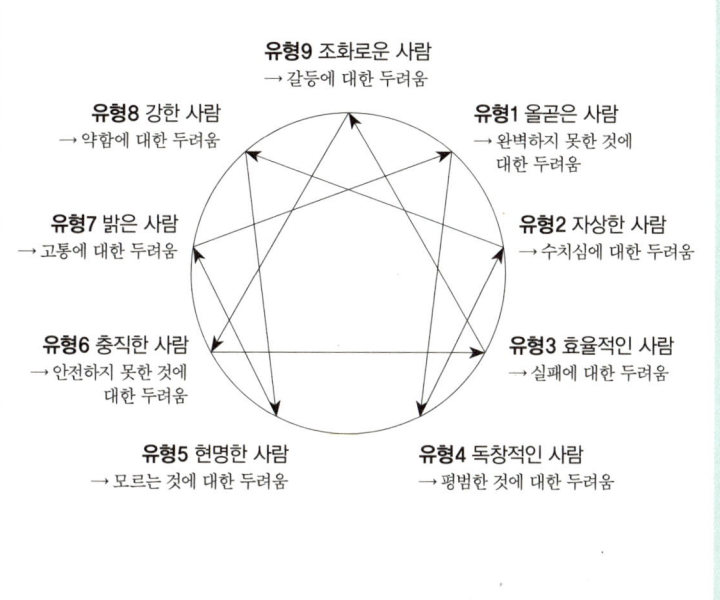

유형
01

완벽하지 못한 것에
대한 두려움

H 연구소의 유 소장은 깔끔한 강의로 명성이 높다. 강의교재나 강의자료를 잘 챙기는 것은 물론이고, 시간관념이나 약속을 지키는 면에서도 정말 철저하다. 당연히 수강자들의 강의에 대한 신뢰도도 높다. 그런데 그런 그가 인간관계에는 어려움을 겪고 있다고 고백한다. 그 자신이 스스로 철저하게 지키려는 일들을 다른 사람들에게도 요구하기 때문이다.

사실 가벼운 충고 정도의 요구라고 해도, 주변 사람들에게는 압박에 가깝게 느낀다. 하지만 유 소장의 입장에서는 철저하게 하는 것이 왜 나쁜지 이해하기 어렵다. 오히려 주변 사람들이 자신을 이해해주지 않는다고 억울해한다.

Y상사의 박 대리가 상담을 요청해왔다. 한 가지 업무가 주어지면 그 일을 너무 완벽하게 처리하려고 매달리다 보니 항상 시간이 부족해서 정작 중요한 일은 하지 못한다는 것이 고민의 주된 내용이었다. 박 대리의 경우, 잠재의식 속에 항상 '완벽해야 해'라는 강박관념이 자리잡고 있기 때문에, 한 가지 일에 대한 과도한 시간투자가 전체적인 '시간관리'에 치명적인 영향을 미친다고 볼 수 있다.

　사실 일상적인 일처리에서 완벽주의자들은 일을 미루는 법이 없다. 문제는 어느 한쪽에 치우치는 일처리 스타일 때문에 발생한다. 그러므로 부분적으로는 일을 완벽하게 해내고도 전체적인 일처리는 미흡하다는 평을 듣는다. 항상 열심히 일을 하는데도 결과적으

로는 일을 제대로 끝내지 못한 셈이 되는 것이다. 모든 일을 완벽하게 하려고만 하는데 어떻게 일을 다 해낼 수 있겠는가.

S전자의 최 부장은 모든 면에서 깔끔하고 성실한 사람이다. 회사에서도 인정받고 신망 또한 두텁다. 열심히 그리고 나름대로 안정된 삶을 살아가던 그에게 어느 날 허망한 인생의 비보가 날아들었다. 소화가 안 되고 배가 더부룩해서 병원에 가 내시경검사를 받아 보았더니, 위암 3기로 판명된 것이다. 단 한 번의 자각증세도 없이 위암 말기라니, 본인은 물론 주변사람들은 큰 충격에 휩싸였다.

여러 가지 의학적인 규명이 필요하겠지만 그가 암에 걸린 주요 요인 가운데 하나는 완벽하게 일을 처리하려는 스타일 때문이 아닌가 싶다. 완벽해지려는 심리적 압박감은 무슨 일을 하든 많은 시간을 필요로 하고 따라서 많은 스트레스를 동반한다. 뿐만 아니라 가끔 우선순위와 상관없이 상대적으로 덜 중요한 일에 매달리다가 보다 중요한 일을 놓치는 우를 범하게 된다.

최 부장의 경우 자각증상을 느끼지 못했다고 하지만, 의사는 자각증상은 분명 있었을 것이라고 말한다. 대부분의 경우 자각증상은 반드시 나타난다는 것이다. 그런데도 최 부장이 자각증상을 놓친 이유는 완벽한 일처리에 매달려 있느라 자신의 신체변화를 느낄 여유가 없었던 것이다.

이런 유형의 사람들은 '세상에 완벽한 일은 없다'는 것부터 배워야 한다. 그리고 부분보다는 전체를 보는 안목을 키워야 한다. 가령 최 부장의 예처럼 일은 완벽하게 처리하고도 건강을 잃는다면 그 손해는 말로 다할 수 없을 것이다. 또한 사소한 일상에서도 완벽해야 된다는 심리적 압박감은 자칫 일을 미루는 습관으로 이어져 일의 효율을 떨어뜨리는 결과를 초래한다.

또한 유 소장의 경우처럼 완벽함을 추구하는 자신의 스타일을 다른 사람에게도 요구해 인간관계가 어긋나는 일도 있을 수 있다. 이 경우 역시 일을 실행하는 데 어려움을 겪는 것은 당연하다.

따라서 심리적으로 완벽주의적인 면이 있는 사람이라면 먼저 전체적인 지도를 펴놓고 계획을 세우는 연습을 할 필요가 있다. 그리고 모든 일에 완벽을 기하기보다 중요한 몇 가지에 집중적으로 몰두함으로써 여유 있는 시간을 확보하는 것이 중요하다.

이렇게 되찾은 여유시간은 인생을 즐기는 데 투자하라. 코미디 프로그램을 보면서 편안히 자신을 이완시키는 시간을 가지거나 자연을 바라보며 완벽해지려는 두려움에서 탈출하는 것도 좋다.

또 자신의 실수를 마음으로부터 인정하고 받아들이려고 애써라. 미국의 어떤 인디언 예술가들은 그들이 만드는 진주 작품에 일부러 흠을 낸다. 오로지 신만이 완벽하고 인간은 모두 불완전하다는 사실을 상기시키기 위함이다.

'완벽함'을 위해 일하지 말고 '우수함'을 위해서 일할 때 중요한 일을 미루지 않고 효율적으로 일을 처리해낼 수 있음을 기억하자.

서두칠(동원시스템즈 회장, 전 한국전기초자 사장)

"즐겁게 일하면서 변화를 추구한다."

1997년 말 1,114%에 달하던 부채비율을 2000년 말까지 37%로 낮추고 3,480억 원에 이르던 차입금을 2000년 말에는 무차입 경영으로 실현시켰다.

1997년 600억 원에 달하던 적자를 2000년에는 1,717억 원의 순이익으로 바꾸고, 2000년에 700여 상장사를 대상으로 분석한 결과에서 35.35%라는 영업이익률을 올려 이 분야에서 1위를 기록했다. 1,000원어치 물건을 팔면 353원의 영업이익이 발생한다는 계산이다. 뿐만 아니라 차세대 제품 개발을 위한 1,800억 원의 내부 투자자금도 확보해 놓은 상태다.

부도 위기의 퇴출대상 기업 1호였던 한국전기초자가 3년 만에 초우량 기업으로 변신한 것이다.

"현재의 경쟁력으로 볼 때 도저히 살아남을 수 없다."

세계적 경영컨설팅 회사인 부즈알렌 해밀턴은 1997년 6월 한국전기초자를 이렇게 진단했다. 그러나 서두칠과 한국전기초자 1,600명의 사람들은 단 3년 동안 그들의 기업을 이렇게 바꿔놓았다.

_《우리는 기적이라 말하지 않는다》 본문 중에서

그러나 기적이라는 평가에 대해 서두칠 사장은 고개를 가로젓는다. 기적이란 없으며 위기를 절감하고 회사를 살리기 위해 임직원들이 밤을 새고 휴가를 반납하면서 노력한 결과라는 것이다.

그의 삶은 경영스타일과 마찬가지로 도전과 혁신의 연속이었다. 어릴 때부터 어머니에게 "곧고 바르게 살아라"라는 말을 들으면서 성장한 그는 그 영향으로 현실과 적당히 타협하지 않고 정도(正道)를 걸어왔다고 말한다. 학업도 직장생활도 치열한 경쟁에 뒤지지 않기 위한 자기 자신과의 싸움의 연속이었고 그때마다 그의 투혼은 빛이 났다.

그는 50대 1이 넘는 경쟁을 뚫고 농협중앙회에서 처음 사회생활을 시작했다. 경남 하동이라는 작은 시골마을에서였지만 뛰어난 영어실력 덕분에 중앙으로 발탁되고, 지점에서도 좋은 성과를 내어 중앙회에서 근무하며 새마을 지도자로 특채되는 등 농협에서 승승장구했다. 그 와중에 연세대에서 당시로서는 이름도 낯선 MBA 과정을 밟으며 회계의 기초를 닦기도 했다.

그의 리더십은 변화를 추구하는 솔선수범형이라 할 수 있다. 지도자가 먼저 모범을 보이지 않으면 아무것도 이루어낼 수 없다는 데서 출발하는 것이다.

전기초자 사장으로 취임한 후, 그는 13평 아파트에서 자취를 하고 손수 운전을 하며 출퇴근을 했다. 큰 아파트에서 아내의 내조를 받으며 생활할 수도 있었지만 그렇게 하지 않았다. 그리고 직원들에게만 열심히 일하라고 말하는 것이 아니라 스스로

새벽부터 밤늦게까지 일하는 모습을 보였다.

그런 그의 경영철학은 이스텔시스템에서도 조금도 달라지지 않았다. 회사가 정상화될 때까지 급여도 스톡옵션도 없다. 배수의 진을 치고 일하는 것이다. 그는 편안하고 안정적인 생활보다는 새로운 것에 대한 도전을 즐긴다. 고인 물은 썩게 마련이고 도약은 새로운 것에 대한 도전에서 일어난다고 믿기 때문이다.

그의 취미는 일이다. 한가하게 골프를 치거나 유유자적하는 일은 상상조차 할 수 없다. 하루 24시간이 부족할 정도로 열심히 사는 그에게 일 이외의 취미는 독서와 가끔씩 하는 산행이 전부다.

이런 서 사장의 모습은 분명 완벽하고자 하는 두려움에서 벗어나 실행하고 움직여서 성공한 사례라고 할 수 있다. 그가 좋아하는 사람을 보면 박정희, 마가렛 대처와 같이 솔선수범하는 리더십을 갖춘 사람들이다.

완벽해지려는 두려움에서 벗어나려면 즐겁게 일하면 된다. 서두칠 사장은 엄청난 격무에 시달렸지만 그 일을 솔선수범해 즐기며 직원들에게 함께하자고 설득함으로써 기적을 일으켰다. 다시 말해 완벽에 대한 두려움 때문에 일을 미루거나 실천하지 못하는 것에 대한 특효약은 일을 즐기는 것뿐이다. 그러면 놀라운 변화를 가져올 수 있고 다른 사람들이 상상하지도 못하는 엄청난 일을 이룰 수 있다.

만약 이런 유형의 사람들이 즐겁게 일하는 방법을 모르거나 실행하지 않고 웅크리고만 있다면 우울증이나 자격지심에서 벗어나기란 어려울 것이다.

박정희(대한민국 7~9대 대통령)

"완벽함은 꿈을 이루게도 하지만
덫이 되기도 한다."

박정희 전 대통령에 대해서는 여러 측면에서 다양한 평가가 있을 수 있지만, 여기에서는 정치는 논외로 하고 일 처리에서 나타난 그의 성향에 대해서만 이야기하기로 하겠다. 그 역시 완벽을 추구하는 유형에 속하는 인물이었다.

박정희 대통령이라고 하면 거의 자동적으로 떠오르는 새마을운동은 그의 성향을 잘 보여주는 예이기도 하다. 새마을운동은 1970년 초 농촌의 후진성을 개선하기 위해 전국적으로 시행된 사업이었다. 정부에서 단위 촌락으로 하달된 사업지침을 따라 전국적으로 일사분란하게 진행되어 비교적 단기간 내에 성과를 보아, 적어도 민주국가에서는 찾아보기 힘든 사례로 국제적인 관심거리가 되었다.

박 대통령은 "잘 살아보세"라는 후렴구로 사람들에게 각인된

홍보용 노래를 직접 작곡·작사하면서까지 새마을운동에 공을 들였다. 1970년대 〈새마을 노래〉는 극장, 학교, 직장, 가정, 기념식장 등 어디에서나 울려 퍼졌고, 텔레비전과 라디오 방송을 통해 거의 언제나 들을 수 있었던 노래였다. 또 1990년대 초반까지도 농어촌 마을에서는 새마을회관 스피커를 통해 주민들의 새벽잠을 깨우는 노래로 쓰였다. 노랫말을 보면 일찍 일어나 모든 힘을 다하여 끊임없이 일해서 "잘 살아보세"라고 독촉하는 듯하다. 빈틈없이 완벽하게 일을 하려는 박 대통령의 성향을 무엇보다 잘 보여주는 예이다.

이 외에도 당시 수립된 정책들이 집행되는 과정은 비슷한 패턴으로 반복된다. 세계 환경단체로부터 찬사를 받은 그린벨트 정책 역시 마찬가지였다. 이 정책은 4월 5일 식목일을 지정해 대대적인 식목 사업을 벌인 것과 시너지를 이루어서 한국의 벌거벗은 산을 푸르고 울창한 숲으로 탈바꿈시켰다. 이 정책을 위해 수립된 법 집행에서 예외란 없었다. 때문에 재산상 피해를 본 선의의 피해자들도 있었다. 하지만 해야 한다면 철저하게, 끝까지 완벽하게 실행하려는 박 대통령의 의지는 꺾이지 않았다.

박 대통령은 허례허식적인 요소도 철저하게 배제했다. 호(號)도 없었다. 고령 박씨 문중에서 호를 지어 올린 적이 있는데, 이 보고를 받은 박 대통령은 "박정희란 이름 석 자로 충분하다"며 받아들이지 않았다고 한다. 한 보좌관이 모 외국 대학에서 명예 박사 학위를 주기로 했다고 보고했을 때에는, "박사는 나에게 어울리지 않는다"며 거절했다고 한다.

호나 명예박사 같은 겉치레에 신경을 별로 쓰지 않았던 박정희는 공사를 분명하게 처리하고 정책 집행에 추상과도 같이 엄격했으며, 개인적으로는 청빈한 삶을 살면서 완벽한 대통령이 되고 싶어 했다. 하지만 그의 이런 노력은 아이러니하게도 완벽의 덫에 걸려 비극적인 최후를 맞고 말았다.

역사에는 '만약'이 없지만, 그가 만약 그의 삶에 약간의 부족함을 인정하고 야당과도 대화하며 후계자를 키웠더라면 지금과는 다른 평가를 받는 대통령이 되지 않았을까? 어려운 시대에 등장해 완벽한 일처리로 자신의 꿈은 이루었지만, 완벽할 수 없는 인간이기에 그것은 착각에 지나지 않았다.

완벽은 이상이다. 이상에 사로잡힌 완벽은 끝내 성공하지 못하였고, 세월이 흐르면서 안타까운 운명을 만들고 말았다.

 **TIP BOX**

미루는 습관을 없애기 위한 성공전략

1. 시간에 너무 얽매이면 긴장감에서 헤어나오지 못한다. 여유를 가져라. 시계를 5분 늦게 맞추어 놓고 다른 사람이 5~10분 정도 늦는 것을 이해해라.

2. 사회의 비리를 파헤치는 프로그램보다는 분노감을 해소시켜줄 만한 오락 프로그램을 시청하라.

3. 여행을 자주 다니고 규칙적인 산책을 일상화하라.

4. 일을 미리 당겨서 하지 마라. 늦게 한다고 해도 당신은 아마 중간 이상일 것이다.

5. 취미활동에 매일 일정 시간을 투자하라. 예를 들어 정원 가꾸기, 영화 감상, 운동, 산책 등을 하거나, 친구들과 보내거나 일터에서 빈둥거리는 시간을 가져라.

6. 자신에게 정기적으로 특별한 선물을 하라. 꽃, 운동경기 관람권, 향료를 넣은 목욕비누, 좋아하는 식당에서의 저녁식사 등 뭐라도 좋다.

7. 자신에게 유머의 중요성을 각인시켜라. 의식적으로 농담을 하기도 하고 만화를 본다거나 코미디 프로그램을 시청하라.

8. 비록 자주 바뀔지라도 자신이 무엇을 원하는지 인식하고 그것을 요구하는 법을 배워라.

9. '해야 한다'보다는 '나는 ~하고 싶다' 또는 '나는 ~ 하고 싶지 않다' 라고 생각하라. 예를 들면 '나는 00회사를 방문해야 한다'가 아니라 '나는 00회사를 방문하고 싶다'라고 생각하는 것이다.

10. 서랍, 벽장, 방 등 하나쯤은 엉망으로 어질러놓아도 되는 것으로 허용하라.

유형 02

수치심에 대한 두려움

홍양은 마음씨 따뜻하고 배려심 깊어 누구에게나 인기 있는 간호사다. 주위 사람들에게 그녀는 "기다려 봐"로 통한다. 누가 어떤 부탁을 하더라도 거절하는 법 없이 "기다려 봐"라고 말하기 때문이다. 그리고 기꺼이 그 문제를 해결하기 위해 열심히 일한다. 그뿐만이 아니다. 자신이 해결하지 못하는 일일 경우에는 다른 사람에게 다시 부탁해서라도 그 부탁을 들어준다. 그래야 마음이 편하다.

워크숍에 참석한 그녀는 강의가 진행되는 내내 밝은 미소를 띠며 경청했고, 쉬는 시간에는 음료와 간식 등을 필자에게 가져다주었다. 휴식을 취하거나 전화하는 등 개인적인 일을 처리하는 보통의 참가자들과는 확연히 다른 모습이었다.

이런 홍양에게 어떤 문제가 생길지 분명해 보인다. 스스로 할 수 있는 것 이상으로 다른 사람을 위해 그토록 열심히 노력하다 보니 문제가 생기지 않을 수 없다. 실제로 홍양은 스스로 선택하고 결정한 것이지만, 다른 사람에게 베푸는 친절이 자신의 한계를 넘는 경우가 많아 버겁다고 말한다.

이 과장은 언제 어디서나 환영받는 사람이다. 어디를 가든 빈손으로 가는 법이 없기 때문이다. 그는 빈손으로 어디 가는 것이 부담스럽다고 말한다. 다른 사람들의 부탁도 웬만하면 그대로 들어주

는 편이다. 때로는 상대방이 부탁하지 않은 부분까지도 배려하고, 그들이 필요로 할 것 같은 일을 미리 알아서 해주기도 한다.

이 과장은 이런 자신이 맘에 드는 것은 아니다. 때론 자신부터 챙겨야지 생각하기도 한다. 그러나 막상 실제상황을 만나면 어느새 상대방의 부탁을 먼저 들어주고 만다. 다른 사람의 일을 처리하다 정작 자신의 일은 하지도 못한 채 시간에 쫓기면서도 어쩔 수 없다고 말한다.

대학생 최군 역시 비슷한 경우이다. 컴퓨터 실력이 상당한 최군은 친구들이 PC에 관해 물어오면 언제든 친절하게 대답해준다. 새벽 1시가 넘어 전화가 와도 말이다. 최군의 부모는 이런 아들의 행동이 못마땅해 신경질적인 반응을 보이기도 하지만, 정작 본인은 태평이다. 취업 준비 등 할일이 산적해 있는데 남의 일을 도와주느라 세월만 보내면서 자신의 일은 한없이 미루고 있다. 최근에는 할일을 하기 위해 휴대폰을 꺼놓기도 하지만, 얼마가지 못해서 다시 친구들을 위한 자료를 찾느라고 바쁜 시간을 보내게 된다고 한다.

인간은 누구나 다른 사람들로부터 인정받고 사랑받고 싶은 욕구가 있다. 그러나 이 유형의 사람들은 사랑과 인정을 받으려는 욕구를 다른 사람들을 돕는 방법으로 충족시킨다는 특징이 있다. 그렇게 함으로써 수치심으로부터 벗어나려는 것이 이들 내면에 숨겨진 의도이다. 다른 유형의 사람들에게는 수치심을 느낄 이유가 되지 않는 일인데도 말이다. 심지어 다른 사람들이 요구하기도 전에 적극적으로 그들을 도와주기도 한다.

'다른 사람들이 나를 사랑하지 않으면 어떻게 하나!' 하는 염려는 봉사와 친절이라는 이름으로 다른 사람들의 욕구를 채워주는 선에서 해결된다. 그러나 문제는 그것으로 자신의 욕구를 채우지는 못한다는 것이다. 나아가 정작 자신의 성장과 성공을 위해 쓸 시간이 부족하기 때문에 다른 사람과의 경쟁에서 밀릴 수밖에 없다.

무엇보다 이런 유형의 수치심은 자신이 보는 문제일 뿐이다. 꼭 누군가를 도와주어야 한다는 생각은 강박관념에 지나지 않는다. 따라서 스스로 사랑받을 만한 충분한 가치가 있다는 자존감을 향상시키는 것이 중요하다.

또한 다른 사람들을 도와주고 수치심이나 염려를 떨치려는 노력은 스스로를 자기주도적이 아닌 타인의존적으로 만들어 성숙한 성인이 되는 데 커다란 걸림돌이 된다. 다른 사람을 돕는 것은 아름다운 미덕임에 분명하지만, 반드시 자신을 희생해야만 다른 사람들이 자신을 인정해주고 사랑해주는 것은 아님을 기억하라. 다른 사람들에게 자신을 맞추면서 살아가는 삶은 자신도 모르게 자기모순에 빠져들게 할 수 있다. 따라서 우선 일관된 자신의 모습을 만들어가기 위해 노력해야 한다.

또 자신의 진정한 욕구를 인식하고 타인의 바람과 자신이 원하는 바를 명확히 구분해야만 한다. 이 경우, 자신을 위한 실행은 이기적인 행동이 아니라 자신과 타인 모두가 만족하는 방식이라는 사실을 인식해야 한다. 마음에 없는 호의를 베풀어 오해를 사거나 호의를 베풀어야 한다는 강박증을 갖는 것보다는 더 나은 결과를 낳을 것이 분명하다.

지승룡(민들레영토 대표)
"즐거움이나 이익을
돌려받을 수 있는 일을 한다."

연세대 · 이화여대 · 서강대 · 홍익대 등 대학이 밀집해 있는 신촌 먹자골목의 중간쯤에 위치한 '민들레영토'. 입구에는 그네와 우물 등 전원적인 분위기가 물씬 풍기는 야외공간이 마련돼 있고, 알프스 소녀처럼 차려입은 도우미들이 카페를 찾는 손님들에게 인사를 건넨다.

'민들레영토'(이하 민토) 신촌 신관. '민토' 중에서도 가장 물 좋은 곳(?)으로 소문나 젊은이들의 발길이 끊이지 않는다. 연극배우 최종원, 탤런트 김혜수, 영화배우 원빈 등 유명 연예인과 이해인 수녀, 다일공동체의 밥퍼 목사도 가끔 일상을 떠나 즐겨 찾는 곳이기도 하다.

각자 원하는 방법으로 편안히 휴식을 취할 수 있는 민토가 웰빙붐과 더불어 일반인에게까지 인기를 모으고 있는 또 한 가지 이유는 바쁜 도시인들이 스트레스를 풀 수 있도록 도형 심리분석이나 고민상담 등을 무료로 제공하기 때문. 웰빙이란 단어가 있기 전부터 '휴먼 세라피'라는 휴식공간으로 카페 문화를 바꾸어 놓은 민토만의 서비스다.

민토는 지금부터 10년 전, 목회자이면서 교직생활을 하던 지승룡 사장이 '다방마담'이 되고 싶어 신촌역 부근에 테이블 10개를 두고 시작한 작은 카페였다. 이후 대형 문화공간으로 급성장해 지금은 전국 22곳에 자리를 잡았다. 조만간 중국 베이징에도 문을 열 예정이라고 한다.

이런 독특한 공간인 민토가 탄생할 수 있었던 것은 물론 사장인 지승룡이라는 인물이 있었기 때문이다. 지 사장은 1993년 말 울적한 마음을 달래기 위해 혼자서 서울 종로구 인사동의 조그만 카페를 찾았다. 30분 정도 상념에 잠겨 있을 때 종업원이 다가와 "혼자서 차 한 잔 시키고 이렇게 자리를 차지하고 계시면 안 됩니다" 하는 말에 계면쩍게 일어서서 나오며 생각했다.

'군중 속에서도 점점 더 외로워지는 도시인들이 편안하게 휴식을 취할 공간이 이렇게도 없단 말인가? 대한민국 국민의 92%가 도시에 살고 있다는데, 도시에는 이토록 장삿속에 매인 사람과 공간밖에 없단 말인가?'

그때 지 사장에게 번개 같은 아이디어가 떠올랐다. 외로운 도시인들이 고향집이나 어머니의 포근함을 느낄 수 있는 휴식공간을 만든다면 의미도 있고 비즈니스로도 분명 성공할 수 있을 것이라는 판단이었다.

'마을 사람들이 모여 편안하게 이야기를 나누던 시골의 다방과 같은 곳, 도시인들을 위한 건전한 휴식공간을 마련하고, 나는 그런 곳의 다방마담처럼 친구 같은 '최초의 남자마담'이 되어야지……'

신학대학원을 졸업하고 목사로서 교회에서 일해온 지 사장에게는 밑천 마련이 급선무였다. 그는 우선 강남에서 양복 차림으로 떡볶이 장사를 시작했다. 정장 차림의 떡볶이 장사가 신기해서인지 하루 매출액이 20만 원에 달하여 6개월 후에는 2,000만 원의 밑천을 마련할 수 있었고, 드디어 1994년 4월에 신촌 기차역 인근 10평 크기의 민들레영토, 즉 민토 모점을 오픈하였다.

지승룡 사장에 의하면 민토의 가장 중요한 비즈니스 콘셉트는 바로 '어머니의 마음'이라고 한다. 우리 어머니들은 자식들에게 항상 "먹고 더 먹으렴" 하고 말씀하셨다. 반찬이 부족하면 더 갖다주시며 자식이 배부르게 먹기를 소원하시던 어머니. 그래서 민토에서는 모든 손님들에게 반드시 "드시고 더 드세요"라고 말한다.

당시 민토에서 '문화비'라고 부르던 이용요금은 4,000원. 이 문화비도 교회의 십일조처럼 고객에게 10배의 이익을 돌려주는 것을 목표로 했다고 한다. 그래서 누구든 4,000원의 문화비만 내면 음료뿐 아니라 빵과 라면을 무료로 먹고, 크고 작은 세미나방을 3시간 동안 자유롭게 사용할 수 있도록 했다.

"고객을 행복하게 해주면 반드시 수익으로 돌아올 것이다. 나의 비즈니스 아이디어는 철저하게 고객의 목소리를 반영한 것뿐이다."

지승룡 사장의 경영철학을 잘 보여주는 말이다. 여기에는 어떤 심리적인 측면이 담겨 있는 것일까? 고객을 행복하게 해주고 더 좋은 서비스를 제공하고자 하는 것은 다른 기업에서도 외치는 바다. 그러나 지 사장이 그들과 다른 점은 기업의 이윤추구가 목표가 아니라 부끄럽지 않으려는 내면의 소리를 비즈니스에서 아름답게 꽃피웠다는 사실이다.

신학대학의 목사나 다방마담이나 민토의 경영마인드는 모두 타인을 돕는 데 있고 그 이면에는 부끄럽지 않으려는 심리가 숨어 있다. 그러나 지나친 타인 중심의 생활태도는 자칫 자신의 욕구충족을 기피하고 시간분배를 잘못하게 함으로써 일을 지연시키는 결과를 가져올 수 있다. 결과적으로 허탈한 후회만 남길 가능성이 많다.

이런 심리와 성향을 가진 사람들은 무엇보다 먼저 자기의 욕구를 알아차려야 한다. 지승룡 사장처럼 성격에 맞는 비즈니스를 통해 부가가치를 창조하거나 본인의 즐거움이나 이익을 돌려받을 수 있는 일과 결부 짓는다면 나름대로 성공적인 결과를 맺게 될 것이다.

　타인의 욕구를 거절하지 못해서 자신의 일을 지연시키는 일이 없는지 살펴보라. 만약 그렇다면 자신의 삶을 주도적으로 경영하는 법을 배워 알찬 인생으로 전환해야 한다.

✓ TIP BOX

미루는 습관을 없애기 위한 성공전략

1. 1인자가 되기 위해 항상 최정상을 염두에 두고 생활하라. 그러기 위해 필요한 사항이 무엇인지 체크해 체계적인 계획을 수립하라.

2. 다른 사람에게 사랑받기 위해 무언가를 해주어야 한다는 생각은 버려라.

3. 다른 사람이 나를 좋아하게 만들기 전에 나부터 자신을 사랑하라. 사소한 것이라도 한 달에 한 번씩 자신에게 특별한 선물을 하라.

4. 혼자만의 시간을 가져라. 이때 클래식 음악을 들으며 명상을 즐기는 것도 좋은 방법이다.

5. 자기주장 훈련을 받거나 스피치 훈련을 하라. 예를 들면 "나는 이렇게 하는 것이 좋아" 등 자신의 요구사항을 분명하게 말하는 습관을 들여라.

6. 일주일에 한 번 이상 사소한 일이라도 자신에게 필요한 것을 상대방에게 떳떳하고 정중하게 밝히고 도움을 요청하라.

7. 상대방이 호의를 베풀면 감사하며 기꺼이 받아라. 반드시 신세를 갚아야 한다고 생각할 필요는 없다.

8. 일이나 인간관계 등에서 새로이 시작하는 것들은 충분한 정보를 얻은 후 천천히 접근하려고 노력하라.

9. 사람들을 구제하려 하지 마라. 다른 사람들이 자신의 행동에 대해 책임을 지도록 내버려둬라.

10. 다른 사람의 요청이나 요구가 자신에게 지나치게 스트레스를 준다고 느낄 때, "아니오, 지금은 곤란합니다" 혹은 "아니오, 전 당신에게 도움을 줄 수가 없습니다"라고 단호하게 얘기하라.

유형
03

실패에 대한 두려움

L 전자의 신 과장은 요즘 동료들 사이에서 왕따를 당하고 있다. 센스도 있고 업무처리에서도 꽤 유능하지만 다른 사람들과의 관계가 원만치 않은 편이다. 성공을 위해 상사에게 아부도 마다하지 않는 게 원인이다.

신 과장은 고과표를 잘 받아서 진급을 하려고 하는 게 뭐가 문제인지 이해할 수 없다. 오히려 일도 못 하면서 자신을 소외시키는 직원들에게 화가 난다. 하지만 다른 직원들은 상사에게 잘 보이려 애쓰는 신 과장이 마땅치 않다. 서로 도와야 할 동료들을 경쟁으로 몰고 가는 그가 언젠가는 부서 내 인간관계를 망치는 원인이 될 것이라며 긴장하고 있다.

금융권에서 일하고 있는 김양은 매우 총명하고 아름다운 여성이다. 일도 효율적으로 해서 모든 부서에서 인정을 받고 동료들에게 사랑받는 편이다. 한 가지 일을 해도 다른 부분까지 상호연관성을 생각하고 처리하기 때문에 그녀가 한 일은 다른 사람이 다시 손댈 필요가 없다.

당연히 능력 있는 사원으로 인정받았으나, 얼마 전 정기승진에서는 그만 탈락되고 말았다. 의외의 결과에 모두가 놀랐지만 사실 그만한 이유가 있었다. 더 좋은 결과를 얻기 위해 종종 거짓말을 한 것이 화근이었다.

김양은 성공지향적인 성향을 가진 사람이다. 따라서 남다른 노력을 마다하지 않는다. 하지만 이러한 성향과 노력이 가끔 원치 않는 결과를 만들어낸다. 성실하게 제 일만 잘해도 될 상황인데도 욕심을 부려 다른 사람의 일까지 처리해버리기도 한다. 주어진 시간과 능력에 비해 과한 욕심을 내다 보니 무리를 하게 되고, 그러다 본의 아니게 거짓말을 둘러대기도 한 것이다. 그리고 결국엔 일을 망치고 말았다.

자영업을 하는 백씨는 10여 년 전에 실패한 사업을 다시 일으키기 위해 안간힘을 쓰고 있다. 하지만 좀처럼 사업은 일어나지 않는다. 자신감도 있고 일에 대한 열정도 남다르지만 오만함과 지나친 경쟁심 때문에 사람들로부터 신뢰를 잃어버린 탓이다.

사업 특성상 입소문이 중요한데 믿을 수 없는 사람이라는 낙인이 찍혀 일이 좀처럼 진척되지 않는다. 좀 더 빨리, 좀 더 일찍 성공하고픈 지나친 욕심에 발목을 붙잡힌 셈이다. 그런데도 자신은 그것을 깨닫지 못한 채 허구한 날 변명만 늘어놓으며 문제를 인정하려 들지 않는다.

이런 유형의 사람들은 성공에 대한 지나친 집착에서 비롯된 실패에 대한 두려움을 갖고 있다. 그리고 그 때문에 실행하지 못하고 일을 미루는 경향이 있다. 또한 시간관념이 철저하고 목표를 높게 잡고 효율적으로 일을 처리하는 스타일이기 때문에, 일을 성공적으로 완수하지 못했을 때 매우 심한 스트레스를 받는다. 따라서 일을 처리할 때는 수단과 방법을 가리지 않는다.

작은 일이라도 자신이 실패했다는 사실은 좀처럼 인정하지 않는다. 그렇지만 결과를 놓고 분석해보면 시간관리에 실패한 셈이 된다. 완벽해야 한다는 강박관념이 일을 미루는 원인이 되는 것처럼 성공해야 한다는 강박관념 역시 일이 늦어지게 만드는 원인이 된다. 때론 일을 무리하게 추진하다가 원하는 바와는 전혀 다른 결과를 초래하기도 한다.

성공에 집착하고 실패를 두려워하는 사람들에게 시간은 무엇인가를 성취하기 위한 중요한 수단이고 잠시도 한눈을 팔아서는 안 될 대상이다. 때문에 시간을 초 단위로 쪼개 얼마나 효율적으로 이용할 것인가에 집착한다.

약속시간보다 대체로 5분 일찍 나가지만, 도착하기 전에 시간을 확인해 5분의 여유가 있으면 그 5분 안에 할 수 있는 다른 일을 찾는다. 그 때문에 결과적으로 약속에 늦는 경우도 있다.

이들은 짧은 시간에 많은 일을 처리하는 데 따르는 즐거움을 잘 알고 있고, 급한 일을 부탁받아도 충분히 해내는 능력을 가지고 있다. 그러나 그 일이 중대하고 주목받는 일이라면 시간 내에 처리해내지만, 그렇지 않을 경우에는 일을 미루기도 한다. 그리고 그 때문에 상대방에게 신뢰를 잃어버리기 쉽다.

이런 유형의 사람들이 실패를 겁내는 이유는 인생의 가치를 오직 '성공과 실패'라는 양날의 척도로 재기 때문이다. 인생에 있어서 성공 이상으로 중요한 것은 전체적인 균형이다. 세상에서 말하는 성공이 절대적이지 않은 것은 성공하고도 실패하는 경우가 너무나 많기 때문이다.

사회적으로는 성공했지만 가족에게 아픈 상처를 주고 애정과 신뢰를 잃어버렸다면, 혹은 최고가 되고도 주변의 친구들을 모두 떠나보내고 홀로 남게 되었다면 과연 진정한 성공이라 할 수 있을까? 이는 오히려 시간을 효율적으로 쓴 것이 아니라 결과적으로는 일을 미룬 것만도 못한 최악의 결과라 할 수 있다.

이들은 애처롭게도 성공을 해야만 다른 사람들이 관심을 가져주고 사랑해줄 것이라는 어리석은 오해와 기대 때문에 그토록 성공을 갈망하고 실패를 싫어한다. 그러나 이러한 믿음은 자칫 헛디디기 쉬운 함정에 가깝다. 정신없이 일에 매달려서 살아가다 보면 자기반성이나 새로운 창의성은 무시하게 된다. 효율성으로 둔갑한 자기 약점을 발견하지 못하게 되면서 일이 없으면 참지 못하는 일중독으로까지 발전하기도 한다. 물론 겉으로 보기에는 전혀 게으르거나 일을 미루는 것처럼 보이지 않는다. 그러나 오히려 너무 열심히 일을 하기 때문에 시간관리 자체에 허점이 생긴 것을 놓치고 마는 것이다.

김우중(대우그룹 전 회장)

"자기 자신을 직시하고
내면의 성공을 바라본다."

전쟁을 겪었던 지금의 50~60대가 하나같이 힘들고 어려운 시기를 보낸 것처럼 김우중 역시 힘든 성장기를 보냈다. 1936년 대구에서 태어난 김 회장은 아버지가 해방 이후 제주도의 도지사를 지내기도 하는 등 어린 시절은 꽤 유복한 편이었다. 그러나 전쟁 통에 아버지가 납북되면서 집안은 풍비박산이 났다. 형마저 군대에 입대하자 당시 중학생이던 김 회장은 졸지에 소년가장이 되어야 했다.

대구 서문시장에서 신문배달을 했을 당시, 김우중은 신문배달소에서 가장 먼저 신문을 받아오는 소년이었다. 다른 소년들이 오기 전에 얼른 선수를 치기 위해서였다. 그러나 몇 부를 채 돌리기도 전에 다른 배달 소년들이 들이닥쳐 독점을 누릴 시간이 그다지 많지 않았다.

김우중은 거스름돈을 주고받는 시간이 아까워 거스름돈을 미리 종이에 말아 준비해 시간을 조금 벌어보았다. 그래도 생각만큼 효과가 크지 않자, 이번에는 돈도 받지 않고 신문부터 무작정 돌렸다. 그리고 다시 길을 돌아오며 신문값을 챙겼다. 물론 사람이 사라져 몇 부는 떼이기도 했지만 그래도 확실하게 시장을 장악했고, 얼마 후 서문시장의 신문팔이 소년은 김우중 하나 밖에 남지 않았다.

이러한 행동은 실패에 대한 두려움을 극복하고 성공해야겠다는 집념에서 비롯되었다. 즉, 실패하고 싶지 않은 두려움이 성공에 대한 집착으로 나타났고, 성공을 위한 가장 효율적인 방법으로 시장장악을 선택한 것이다.

그러나 시장을 싹쓸이하는 확장전략은 단순하고 경쟁이 약한 상황에서는 실현 가능하지만 시장이 점점 커질수록 실패로 귀결될 가능성이 더 높다. 아마도 김우중 신화의 끝은 그것이 불씨였는지도 모르겠다. 빌린 돈으로 이곳저곳에 대규모 투자를 했다가 회수조차 못 하고 주저앉고만 '세계경영'의 맹아였던 것이다.

김우중은 '신문배달 소년의 신화'를 뒤로 하고 전쟁 직후 서울로 올라가 경기고등학교에 입학한다. 군에 갔던 형이 제대를 하여 집안 살림을 맡자 가장으로서의 부담도 덜게 된다.

그러나 김우중은 이른바 '경기고 깡패'였다. 사춘기 때의 반항심 때문이었는지 아니면 치기였는지, 그는 거의 매일 사고를 쳤다. 167센티미터 키에 덩치는 큰 편이 아니었지만 친구들 사이에서 한마디로 '악바리'로 통했다. 한번은 덩치 큰 친구와 싸움을 벌이다 일방적으로 몰매를 맞았는데, 머리에 피를 철철 흘리면서도 마치 '야차'처럼 집 앞까지 며칠간 쫓아다녀 결국엔 상대가 무릎을 꿇고 싹싹 빌게 만들었다고 한다.

그러다 3학년 때 이러다가는 깡패밖에 될 게 없겠다는 생각에 공부에 매달렸고, 연세대 상대에 입학한다. 대학시절, 농촌봉사활동을 다니면서 '우리나라는 왜 이리 가난한가?'라는 생각에 골몰하던 김 회장은 대학을 졸업하자 한성실업이라는 무역업체에 취직한다. 이곳에서 착실하게 일을 배운 그는 1967년 대우그룹의 모태인 '대우실업'을 세운다.

자본금 500만 원에 직원 5명. 김 회장의 지분인 250만 원도 남에게 빌린 돈이었다. 대우의 창업 멤버들은 명동 동남빌딩 귀퉁이 조그만 사무실에서 연일 밤을 새웠고, 자신도 책상 몇 개를 얼기설기 붙여놓고 잠을 청했지만 김 회장은 이때를 인생에서 가장 행복한 시절로 기억한다.

이후 조그만 오퍼상에 지나지 않았던 대우실업은 와이셔츠 등 섬유산업을 시작으로 매년 기하급수적인 성장을 한다. 그리고 1970년대 중반부터는 중공업, 조선, 전자, 그리고 자동차 산업을 망라하는 이른바 '재벌기업'으로 성장하게 된다.

물론 이 과정에서 아무런 장애가 없었던 것은 아니다. 초창기 부산 공장의 화재로 회사가 휘청거리기도 했고, 1978년 적자투성이였던 조선공사(대우중공업의 전신)를 정권의 강압에 의해 억지로 떠안았다가 1989년 세계적인 조선경기의 급락으로 엄청난 적자를 기록하고 5개 계열사와 함께 현재 서울역 앞에 있는 대우빌딩까지 매각해야 하기도 했다.

거기다가 대우중공업은 극심한 노사분규에까지 휘말리게 된다. 당시 그는 경남 거제 대우중공업으로 내려가 2년 동안 사무실 야전침대에서 지내며 산적해 있던 문제들을 해결하고 세계 조선 수주 1위의 대우중공업으로 탈바꿈시킨다.

그러나 1993년부터 '세계경영'을 부르짖으며 해외로 눈을 돌리기 시작하면서 '대우의 비극'은 시작된다. 이 야심만만한 계획은 중앙아시아, 동유럽, 아프리카 등 이른바 '이머징 마켓'(Emerging Market)을 선점하고자 하는 것이었는데, 문제는 돈이 없었다는 데 있었다. 이는 대우로 하여금 기기묘묘한 금융기법을 동원해 대규모 투자자금을 끌어모으게 했고, 이것은 다시 대우가 나락으로 굴러떨어지는 빌미가 되고 말았다. 실제로 통계 수치 결과 대우의 '세계경영'은 83%가 빚으로 쌓아올린 것으로 드러났다.

김 회장의 이러한 실패는 아이러니하게도 실패에 대한 두려움이, 일중독과 끊임없는 확장에 대한 욕심으로 걷잡을 수 없는 확장을 거듭한 결과라 할 수 있다. 성공에 대한 집념과 효율성의 추구는 경탄을 자아내게 하지만, 그에 따른 성과라 해도 내실을 갖추지 못했거나 기술적인 뒷받침이 빈약한 경우에는 쉽게 쓰러질 수밖에 없는 것이다.

사실 대우는 늘상 '사상누각'이라는 평가를 받아왔다. 부실기업을 은행 지원자금으로 거의 거저 줍다시피 손에 넣은 뒤,

마케팅 효과에 힘입어 매출을 늘리고 회사를 정상화시켰다. 자연 부채비율은 점점 올라갈 수밖에 없고, 금융비용도 만만치 않았다.

또 한 가지, 대우는 기술개발을 등한시했다. 대우가 신진자동차를 처음 인수할 당시만 해도 신진자동차는 내수시장 1위 업체였다. 그런데 대우의 인수 이후 신제품 개발보다는 적당히 차체만 바꿔 끼우는 등 신차개발을 소홀히 하면서 현대에 역전을 당하고 만다.

당시 대우차에 있었던 한 고위간부가 르망과 프린스 후속모델 개발을 위해 김 회장에게 신차개발 방안을 보고했을 때, 김 회장은 책상을 두드리면서 벌컥 화를 냈다고 한다. "지금도 차가 잘 팔리는데, 쓸데없이 후속모델을 개발하려고 돈 몇 천 억 원씩 버리려 하느냐"는 것이었다. 눈앞의 성공에만 집착하다 보니 기술개발에 소극적일 수밖에 없었고, 그로 인해 위기가 닥쳐왔을 때 그 위기에서 벗어나는 데 실패하고 만 것이다.

실패에 대한 두려움에서 벗어나는 길은 자기자신과 직면하는 데서 시작된다. 드러나는 성공이 아니라 내면의 성공을 바라볼 줄 알아야 하며, 자기성찰을 위해 참모나 주변사람들의 직언에도 귀 기울여야 한다.

실패를 향해 코웃음 칠 줄 아는 여유를 가지고 진정한 성공이 주는 의미를 놓치지 않을 때 무너지지 않는 성공, 다른 사람들과 함께 나눌 수 있는 성공을 차지하게 될 것이다.

이명박 대통령

"눈에 보이는 성공뿐 아니라 보이지 않는 성공도 중요하다."

　이명박 대통령에겐 신화란 수식어가 늘 따라다녔다. 입사 12년 만에 현대건설 사장에 올라 샐러리맨의 신화가 됐고, 서울시장이었을 때는 청계천 복원으로 서울의 신화(?)를 만들었다. 그리고 대통령이 된 지금, 그는 대한민국의 신화가 되려 한다.

　7남매 중 다섯째였던 그는, 가난한 집안의 희망인 형 이상득의 뒷바라지에 밀려 장학금을 받을 수 있는 동지상고 야간에 입학한다. 학창시절 이명박의 별명은 '이 천재'였다. 동지상고 때는 3년 내내 주·야간을 합쳐 1등이었다. 서울로 온 그는 막노동을 하면서 고려대 경영학과에 합격했고, 어머니의 일터였던 이태원 시장의 상인들 도움으로 일자리를 얻어 등록금을 벌었다.

　이명박의 인생 2막을 연 것은 1965년 현대건설 입사였다. 대학 졸업 후 마땅한 취직자리가 없던 그는 조간신문에 난 태국 공사현장에서 일할 사원을 뽑는다는 광고를 보고 현대건설에 원서를 냈다. 그러나 1차 필기시험을 치른 뒤 학생운동 경력으로 '요주의 인물'로 찍혀 면접은 보지도 못하고 떨어질 위기에 몰렸다. 그때 그는 청와대로 편지를 써 운동권 학생의 사회 진출을 막는 당국의 처사를 비판했고, 우여곡절 끝에 입사하기에 이른다.

그 후 그는 특유의 추진력으로 5년 만에 이사, 10년 만에 부사장, 12년 만에 사장, 23년 만에 회장이 됐다. 어린 시절의 가난은 그에게 더 치열한 삶을 살게 하는 촉매제이자 원동력이었다. 이런 치열함으로 그는 현대에서 27년을 승승장구했다.

이명박은 성공가도를 달려오면서 수많은 에피소드를 남겼다. 고 정주영 회장이 미진한 보고서에 호통을 칠 때 다른 간부들은 "좀 더 연구해보겠습니다"라고 했지만, 그는 "내일 아침까지 보고 드리겠습니다"라고 대답했다. 이처럼 작지만 의미 있는 차이들이 쌓여 샐러리맨의 신화가 된 것이다.

이런 그의 스타일은 정치에 입문하고 나서도 계속되었다. 종로에서 국회의원으로 당선되었고, 선거법 위반으로 정계를 떠났다가 서울시장에 도전해 성공했다. 그리고 그 말 많은 청계천 신화를 이룩하게 된다. 이 외에도 대중교통 시스템 개조, 뚝섬 '서울의 숲' 완성, 서울시청 광장 조성, 뉴타운 사업, 예산 절감 등 그가 스스로 '서울의 신화'라고 자부하는 4년간의 시장 경력은 대통령 도전의 결정적 토대가 됐다.

'국민 성공시대'라는 슬로건을 걸고 시작한 대통령 선거에서 그는 국민들의 마음을 사로잡았고, BBK를 비롯한 몇몇 중대한 의문들이 계속되는 가운데에도 압도적인 표차로 17대 대통령에 당선되었다.

그의 성공에 대한 집착은 그 어떤 두려움도 없는 듯하다. 일찍 일어나고 늦게 잠자리에 들면서 일에 대한 정열을 불사른다. G20에 대한 준비, 원전수출 등에서 보는 것과 같이 그는 계속 밀어붙이는 스타일이다. 안 되면 될 때까지 계속 말한다. 일본이 부러워하는 리더십이다.

그러나 아직도 4대강이나 세종시처럼 그 규모나 의미는 물론 논란의 정도가 국가의 근간에 영향을 미칠 큰 사업이 계속 진행 중이다. 앞으로 그의 미래는 어떻게 될까?

눈에 보이는 성공뿐 아니라 보이지 않는 성공도 중요하다. 실패에 대한 두려움을 성공에 대한 집착으로 풀려고 한다면 실패할 것이다. 대통령인 그의 성공은 한국의 성공이다. 그의 성공이 눈에 보이는 가시적인 결과뿐만이 아니라 눈에 보이지 않는 과정에서도 성공할 수 있기를 바란다. 임기를 마치고 여러 문제가 생긴다면 과정을 소홀히 하고 지름길을 찾았기 때문일 가능성이 농후하다.

성공에는 엘리베이터가 없다. 한 걸음 한 걸음 올라가는 계단만이 있을 뿐이다.

 **TIP BOX**

미루는 습관을 없애기 위한 성공전략

1. 자신의 밀어붙이는 성향이 다른 사람들에게 미칠 수 있는 부정적인 영향을 인식하라. 다른 사람들이 일을 잘 해낼 수 있을 때까지 참고 기다리려고 노력하라.

2. 상대방의 기여도를 높이 평가하고 그것을 인정한다는 사실을 감추지 말고 보여주라.

3. 서둘러 의사결정을 내리려고 하지 마라. 인간적인 면을 비롯해 다양한 각도에서 현상을 바라보고, 생각하는 시간을 충분히 가져라.

4. 자신이 바라는 것을 구체적으로 찾아보고 그것을 이룬 뒤의 결과와 만족감을 생각해보라.

5. 아주 사소한 것이라도 배우자를 인정해주는 말을 자주 하라.

6. 자원봉사 등을 통해 순수한 마음으로 다른 사람에게 선행을 베풀려고 노력하라.

7. 다른 사람들이 자신에게 비판적인 말을 할 때, 그 말이 사실은 아닌지 냉정하게 생각해보라.

8. 돈과 가족의 행복, 혹은 승진 등 자신이 진정으로 원하는 삶이 어떤 것인지를 끈질기게 찾아보라.

9. 전문가의 지도를 받아 명상과 의식훈련 등을 통해 자신의 행동과 자신의 진정한 감정 사이에 마찰이 없는지 계속 성찰하라.

10. 업무 외의 다른 것에서 즐거움을 찾도록 노력하라.

유형 04

평범한 것에 대한 두려움

작가인 최씨는 어느 날 자신의 옷장을 열고는 깜짝 놀랐다. 옷장에 걸린 옷들 가운데 60~70%가 보라색 계열이었기 때문이다. 평소에는 별 생각 없이 그냥 지나쳤지만 그날따라 유난히 보라색 옷들이 눈에 들어온 것이다. 보라색은 최 작가가 특별히 좋아하는 색은 아니다. 게다가 일반적으로 사람들이 즐겨 입는 옷 색도 아니다. 오히려 보통은 특별한 경우가 아니면 옷으로는 잘 선택하지 않는 색이다.

그날 하루 종일 최 작가는 자신이 보라색 옷을 그렇게 많이 사게 된 이유에 대해 생각해보았다. 그리고 저녁에 성격공부를 위해 참석한 워크숍에서 그 이유를 깨달았다고 한다. 그 이유는 평범함에 대한 거부, 그리고 독특한 것에 대한 집착에 있었다.

하지만 옷색이 문제가 되는 것은 아니었다. 문제는 매사에 평범해서는 안 된다는 생각에 사로잡혀 있다는 사실이었다. 그날 옷장을 온통 차지하고 있는 보라색 옷을 통해 최 작가는 평소 일을 할 때마다 느끼던 어려움이 어디에서 비롯되었는지 깨달았다. 평범함에 대한 두려움 때문에 독특한 것을 찾다보니 언제나 일은 늦어지고 실행은 장벽에 부딪쳤던 것이다.

회계사 사무실에 근무하고 있는 연 부장은 뛰어난 판단력과 정확성으로 능력을 인정받고 있다. 그러나 일처리 속도가 너무 늦어

서 항상 고민이다. 그 때문에 회계사와 연 부장 사이에 갈등이 빚어지기도 한다.

　회계사 업무는 세무신고 마감일이 가까워져 일이 많을 때는 거기에 맞는 일처리를 필요로 한다. 그러나 연 부장은 꼼꼼하고 깐깐하게 일을 처리하기 때문에 야근업무를 밥 먹듯이 하면서도 전체적인 팀워크를 망가뜨려 여기저기서 원망의 소리를 듣는다. 자신도 업무처리를 빨리 하고 싶지만 평범하게 일을 마무리하는 것 자체가 용납이 안 된다. 꼼꼼하기로 둘째가라면 서러워할 회계사도 가끔 연 부장의 예민함과 섬세함에 혀를 내두른다.

　주부 한씨는 세탁기를 될 수 있으면 쓰지 않는다. 세탁기를 사용하면 때가 잘 지워지지 않을 뿐 아니라, 세탁기를 사용할 때 들어가는 세제가 환경오염의 주범이라는 사실이 마음에 걸려서다.
　남편은 허리와 팔이 아프다고 하면서도 손빨래를 고집하는 아내가 못마땅하다. 바쁜 시간에는 세탁기로 빨래를 하고 다른 것을 챙겨줬으면 하는데, 아내는 결코 자신의 고집을 꺾지 않는다. 반찬을 만들 때도 마찬가지다. 그녀는 늘 무공해식품으로 특별한 요리를 만든다고 시간을 허비한다.

　평범한 것은 마음에 들지 않고 특별한 것을 추구하려는 심리를 가진 이런 유형의 사람들 역시 시간 내에 일을 처리하지 못하는 경우가 많다. 특별해야만 다른 사람들의 관심을 끌 수 있고, 그래야만 사랑받을 수 있다고 믿기 때문에 일을 하는 데 너무 많은 시간을 쓰는 것이다.

독특함을 추구하는 사람들은 스스로를 다른 사람들과는 다른 특별한 존재로 인식하고 있으며, 자신의 개성을 드러내는 데 강한 집착을 보인다. 또한 자신의 남다른 생각을 적절히 표현하는 방법만 찾아내면 독특해질 수 있다고 믿는다. 그래서 평범함을 거부하고 특별한 존재가 되고자 노력한다.

그러나 이러한 욕구가 지나치게 강하면 여러 부작용과 만나게 된다. 고유함과 독특함이 주위로부터 인정받지 못하면 고립되는 느낌을 받고, 그럼으로써 스스로도 만족하지 못하는 결과를 초래하는 것이다. 하루하루 착실하게 살아가는 삶에 만족하지 않고 모험적인 체험이나 깊은 감동을 불러일으키는 자극만을 추구하다 보니 현실도피에 빠지기도 쉽다. 끈끈한 인간관계나 강한 정신적 유대감은 인생에 깊은 맛을 더해주지만, 인간관계 역시 늘 원만하고 즐거움을 가져다줄 것이라고 기대해서는 안 된다. 독특한 것을 추구하는 자신의 장점을 살리면서 동시에 평범한 것도 받아들일 수 있는 균형감각이 필요하다.

평범한 것에 대해 두려움을 느끼는 사람들의 또 한 가지 특징은 시간을 객관적으로 인식하지 않는다는 점이다. 만족이나 감동을 느끼고 있는 동안에는 시간이 전광석화처럼 빠르게 흐른다고 생각하면서도, 일상에서의 다른 시간은 지극히 단조롭다고 받아들이고 시간을 아예 의식하지 않는 경우도 있다. 근본적으로 주관적인 감정에 따라 시간을 파악하는 것이다. 시간은 누구에게나 똑같이 주어진다. 특별함만을 쫓아 시간을 허비하다 보면 결국 꼭 해야 할 중요한 일을 하는 데 시간이 모자랄 수밖에 없다.

이런 유형의 사람들이 자신의 능력을 발휘하고 성공적인 인생을 살기 위해서는 작고 평범한 것들을 사랑하고 실천하려는 노력이 필요하다. 시간분배에 있어서도 특별한 것을 하는 데만 비중을 두지 말고 늘 똑같아도 꼭 필요한 일들을 사랑하고 실천하는 데도 시간을 나눌 필요가 있다. 보다 현실적인 일에 눈을 돌려 성실하게 최선을 다하다 보면 특별한 일을 할 기회에 보다 가까이 다가갈 수 있을 것이다.

천호균(전 쌈지 사장)

"타인과 공유할 수 있는 자신만의 독특함을 개발한다."

모든 것에는 창조자가 있다. 이미 만들어진 것에 대해 "아, 그거!"라고 말하기는 쉽지만 '바로 그것'을 처음 생각하고 세상에 내놓기란 어려운 법이다.

사람들이 핸드백에 대해 물건을 넣는 개념으로만 이해할 때 디자인의 개념으로 바라본 사람이 있다. 바로 1980년대 명동거리를 휩쓴 '거지백'의 창시자, 패션 토털브랜드 쌈지의 천호균 사장이다. '핸드백을 입자'라는 슬로건으로 만들어진 '거지백'은 당시 장안 멋쟁이들의 시선을 한눈에 모으며 공전의 히트를 쳤다.

천 사장은 지금도 독특한 아이디어를 발휘해 인사동에 토털 예술공간을 만들어, 젊은 예술가들을 후원하고 예술경영에도 앞장서는 등 패션계뿐만 아니라 예술계의 중요한 인물로 자리 잡고 있다.

외국어 브랜드가 판치는 패션디자인계에서 순 우리말로 주머니를 뜻하는 '쌈지'라는 이름을 생각해낸 것부터 예사롭지 않거니와, 가방, 선글라스, 모자 등의 잡화를 패션의 한 영역으로 자리매김시키기까지의 사업적인 전략과, 디자인에 중점을 두고 수요를 바라보는 한발 앞선 감각 역시 탁월하다고 하지 않을 수 없다. 그런 그가 자신의 인생은 어떻게 디자인해왔는지 잠시 들여다보자.

그는 서울 종로구 내수동 1번지에서 태어났다. 아홉 형제 중 여덟 번째였으니 눈치코치는 절간 가서도 새우젓을 얻어먹을 정도였을 터다. 유년시절, 유난히 잊어지지 않는 것은 사직공원에서 밤늦도록 놀았던 일과 매형 가게에서 신나게 장사하던 일이라고 한다.

"어릴 때 아버지가 동대문에서 신발가게를 하셨지요. 아침 5시에 출근을 하셨는데 차비를 아끼기 위해서 걸어 다니셨어요. 근검절약을 행동으로 보여주신 셈이죠. 어쩌다 아버지 가게에 가면 아버진 손사래를 치며 '넌 이런 것 배우지 마라'고 하셨어요."

그러나 사람들에게 물건 파는 일이 너무 재미있었던 9살 소년은 포천에서 역시 신발가게를 하는 큰매형의 가게를 아버지 몰래 왔다 갔다 했다. 어린 처남만 가게에 있으면 손님이 갑자기 몰려드는 것에 놀라워했던 매형은 그가 손님을 끌고 다닌다며 용돈도 쥐어주었다고 한다.

"문 열고 들어오는 손님을 보면 대번 그가 무엇을 살 것인가가 보였습니다. 말하자면 소비자 심리를 예측했던 거죠. 매형은 그걸 보고 몹시 놀라워했어요. 그러니 장사가 재미있을 수밖에요."

경기중학교에 다니던 시절, 매일 조용히 하루를 보내겠다고 다짐하고 학교에 가지만 등교 후 1시간도 안 되어 다시 학교를 들썩거리게 하곤 했다.

"마이크를 잡고 노래 부르는 것을 친구가 카메라로 찍어 교내 전시회에 출품한 적이 있어요. 제목은 '무아지경'이었지요. 당시 내게 딱 맞는 제목이었지요. 무엇을 하든 그 속에 철저하게 빠지는 버릇이 있었거든요. 공부만 빼고요."

그렇게 공부를 안 하다 결국 경기고등학교를 떨어지고 만 천 사장은 다른 고등학교에 들어갔다. 그러나 그 학교의 교복 입기가 싫다는 이유로 자퇴하고 재수를 거쳐 다시 경기고에 입학한다. 그러나 공부에는 관심을 보이지 않고 싸움만 일삼다가 고3 때 훌쩍 설악산 산장에 들어가 명상을 하며 지낸다. 그때 스스로를 다듬고 성찰하는 습관이 생겼는데, 그것이 사업을 하는 지금까지 많은 도움을 주고 있다고 말한다.

대학을 졸업한 후 그는 대우중공업 해외기획실에서 사회생활을 시작한다. 외국과의 차관계약이나 기술제휴 정책을 세우는 부서였지만, 4년 동안 그가 제출한 기획안이 통과된 적이 한 번도 없었다고 한다.

이즈음 가죽을 수입해서 파는 친구에게 돈을 빌려주었다가 친구가 이자는커녕 원금도 갚지 못할 처지가 되자, 그는 결국 그 회사를 떠안게 된다. 그리고 3년 만에 큰 성공을 거둔다. 그런데 큰 회사들이 시장을 독점하려들면서 그는 경쟁력을 키우기 위한 새로운 방법을 모색하기에 이른다. 이렇게 해서 탄생한 것이 그만의 독창성이 가미된 '입는 핸드백'이었다. 루비나 등 패션디자이너들로부터 그가 만든 핸드백이 호평을 받자, 천 사장은 자신감을 갖고 데코 매장을 찾아가 결국 데코 핸드백이란 이름으로 쌈지의 모체를 이룬다.

백화점 입점의 기회도 한 업체가 펑크를 낸 덕분에 찾아왔다. 대타로 들어간 것이 다른 19개 업체의 판매액보다 더 많은 매출을 올려 모두를 놀라게 했다. 수요를 보는 눈이 디자인이라고 확신한 천 사장의 안목이 적중해 데코 핸드백이 삽시간에 핸드백 시장을 석권한 것이다.

천 사장의 좌우명은 '살면서 몇 가지만 잘하면 된다'이다. 성공한 인생을 사는 데 정답은 없다. 다만, 정답을 만들어갈 뿐이라고 말하곤 한다. 많은 사람이 걷는 길은 가지 않고, 많은 사람이 바라보는 쪽은 바라보지 않으며, 자신의 생각과 감각을 다른 많은 이들이 좋아하게 만들어 그들과 함께 즐거움을 공유한다……. 이것이야말로 창조자의 기쁨이고, 그가 인생에서 찾은 정답이다.

그의 인생을 바라보면 평범하지 않은 일들이 파노라마처럼 얽혀 있다. 어린 나이에 남의 마음을 읽었다는 것, 중학생 시절의 튀는 행동, 교복입기가 싫어서 자퇴한 일, 산으로 들어가 명상에 빠져 지내던 고3의 행적, 독창성 있는 제품을 개발하는 감각 등 평범한 사람의 눈에는 삐딱한 행동의 연속이다.

천 사장과 마찬가지로 평범함을 거부하는 성향을 가졌다면 어떤 방법으로 성공에 접근할 수 있을까? 자신의 독특한 감각이 보통 사람들의 것과는 차별되면서도 공감을 살 수 있는 부분이라면, 자기만족에서 끝날 것이 아니라 많은 사람들과 공유할 수 있는 방법을 찾아보는 것이 좋다.

타인의 시선은 아랑곳 하지 않고 '나는 달라', '뱁새가 황새의 뜻을 어찌 알까' 하는 태도로 일관한다면, 성취감을 느끼는 데 한계가 있을 뿐 아니라 뭔가를 이루기도 어렵다. 요컨대 자신의 개성을 충분히 살리면서도 타인도 공감할 수 있는 표현을 빌릴 줄 아는 유연한 사고와 폭넓은 시각만이 보다 큰 자기만족과 성공을 가져다줄 것이다.

스티브 잡스(미국 애플사 회장)

"새로운 경험에 적극적이고,
거듭된 실패에도 포기하지 않는다."

스티브 잡스는 1955년 샌프란시스코에서 태어났다. 당시 미혼인데다 대학원생이었던 친부모는 아이를 키울 수 없다고 판단했고, 결국 그는 생후 몇 주 만에 양부모인 잡스 부부에게 입양되었다.

자라면서 그는 환각제와 신비주의에 열중했고, 나중에는 선불교의 신봉자가 되기도 했다. 대학을 중퇴한 직후에는 컴퓨터 게임 회사인 아타리에 취직했지만, 사실상 전자공학이나 컴퓨터에 대한 그의 지식은 그리 대단한 것은 아니었다. 오히려 그는 탁월한 직관을 지닌 몽상가였고, 시쳇말로 잔머리에 능숙한 수완가였다. 이런 성격은 훗날 그의 성공과 실패 모두에 중요한 요인으로 작용했다.

초등학교 시절 잡스는 학교를 자주 빼먹는 문제 학생이었다. 담임선생님이 구슬리기 위해 주는 돈과 사탕으로 겨우 학교생활을 유지했을 정도였다. 그런 그에게 인생의 전환점이 된 것은 히스키트라는 아마추어 전자공학 키트였다. 이 새로운 세상에 몰두하면서 그는 어려서부터 전자제품의 작동원리를 익히게 되었다.

1972년 고등학교를 졸업한 이후 인턴으로 휴렛팩커드사에서 일하면서 나중에 함께 애플사를 창립하는 스티브 워즈니악을 만났다. 리드 대학교에 등록해 철학을 공부하였으나 1학기 후 중퇴했다. 부모님이 비싼 학비를 내는 것이 부담되었다고 한다. 하지만 중퇴한 후에도 18개월 동안 학교에 머물면서 여러 강좌를 들었으며, 특히 캘리그래피(손 글씨를 그리는 시각 디자인의 한 분야) 수업은 이후 수려한 활자체를 가진 맥킨토시 컴퓨터를 만들어내는 데 많은 도움이 되었다고 한다.

1976년 스티브 워즈니악과 동업으로 애플사를 설립하였으나, 그의 독주를 두려워한 경영진들에 의해 1985년 애플사의 경영 일선에서 물러나게 된다. 그 후 스티브 잡스는 넥스트사 세웠고, 픽사를 인수해 차세대 운영체제를 갖춘 컴퓨터 개발을 시도했으나 실패했다. 그러나 픽사는 훗날 애니메이션 '토이스토리'의 원형이 되는 '틴토이'를 만들어 스티브 잡스의 화려한 부활을 이끌었다.

1996년 적자에 허덕이던 애플이 넥스트사를 인수하면서, 애플사로 돌아온 그는 10억 달러의 적자를 한 해 만에 4억 달러의 흑자로 돌려놓았다. 2006년에 월트 디즈니가 픽사를 인수하면서 잡스는 월트 디즈니의 이사회 임원이 되었고, 현재 애플사의 회장을 맡고 있다.

실패와 성공을 오갔고 창의적인 행보를 거듭해온 그의 삶을 이렇게 짧게 살펴보는 것은 애초부터 힘든 일일 것이다. 하지만 우리가 여기서 주목해야 할 부분은 독창적인 것을 추구하는 그가 어떻게 평범한 것에 대한 두려움을 이겨내고 성공하였는가 하는 부분이다.

《스티브 잡스 혁신의 비밀》의 저자 카민 갤로는 애플 직원들과 인터뷰한 결과 애플의 최고경영자 스티브 잡스는 다른 기업가들과 "생각을 다르게 한다"는 것을 알게 됐다고 밝혔다. 잡스는 다른 지도자들과 같은 사물을 보지만 다르게 인지한다는 것이다.

스티브 잡스가 이처럼 독창적인 아이디어로 성공하게 된 이유로는 우선 수많은 경험을 했다는 것을 들 수 있다. 그는 서예 공부나 인도 수행자 마을 아슈람 방문, 백화점의 주방용품 판매 코너 등 가장 어울리지 않을 것 같은 장소와 경험에서 독창적인 아이디어가 나왔다고 말한다.

그의 성공 두 번째 이유는 "창조성이란 사물들을 연결하는 것"이라고 한 그의 말에서 잘 드러난다. 이것은 하버드대학에서 6년간 기업 임원 3,000명을 대상으로 조사해 얻은 결과와 일맥상통한다. 그 결과란 혁신자와 비 혁신자를 가르는 첫 번째 기술은, 전혀 관련이 없는 것처럼 보이는 각각 다른 분야의 문제나 아이디어들을 연결하는 것이라는 사실이다.

스티브 잡스만이 사물을 다른 사람과 다르게 인지할 수 있는 것은 아니다. 새로운 경험에 적극적으로 뛰어들고 노력하면 누구나 가능하다. 그리고 포기하지 마라. 스티브 잡스가 전 세계 사람들의 주목을 받는 이유는, 언제나 남다른 독창성을 유지하며 끊임없이 도전했고 거듭되는 시련에도 결코 포기하지 않았기 때문이다.

그는 다른 회사의 모방품 같은 어중간한 제품이 아니라 전 세계를 놀라게 할 만한 독창적인 제품을 만들어내는 데 인생을 걸었으며, 새로운 시장을 개척하는 데서 기쁨을 느꼈다. 독창적인 제품에 너무 집착한 탓에 실패를 맛보기도 했지만, 결코 포기하지 않아 성공을 거머쥐었다.

TIP BOX

미루는 습관을 없애기 위한 성공전략

1. 매일 일정한 시간을 정해놓고 명상 등을 통해 스트레스를 줄이는 방법을 실천해보라. 마사지를 받거나 사우나에 가는 것도 방법이다.
2. 일 외에 자기 자신이 가치 있게 여기는 활동을 할 시간을 만들어라.
3. 현재 거두고 있는 성공을 높이 평가하고 자신의 소질이나 능력, 지식 등을 자랑스럽게 여겨라.
4. 과거의 일에 집착하지 말고 미래를 계획하고 현실에 뿌리를 내리려고 노력하라. 어린 시절에 충족되지 않았던 욕구를 채우는 것도 한 방법이다.
5. 책임감으로 조직이나 사회에서의 맡은 일을 수행할 때 스트레스를 받기 쉽다. 그러므로 구태의연한 방법보다 새로운 방법으로 성과를 올릴 수 있는 방안을 늘 연구하라.
6. 최상의 결과를 끄집어낼 수 있는 창의적인 일에 몰두하라. 그리고 그 일을 통해 얻는 수입으로 스스로에게 보상하라.
7. 자신의 장점을 발견하고 자부심을 갖고 행동하라. 나아가 자신이 존경하는 사람의 장점을 잘 생각해보고 그렇게 되도록 자신을 계발하라.
8. 자신과 비슷한 점이 많은 사람과 인간관계를 맺어라. 속 깊은 이야기를 나눌 수 있는 동료나 친구들과도 지속적인 관계를 유지하라.
9. 상대방이 생각 없이 내뱉는 말에 격분하지 마라. 불쾌하더라도 그 말의 속뜻을 읽으려고 노력하라.
10. 감정 컨트롤이 제대로 되지 않을 때는 결코 부치지 않을 편지에 가능한 한 유창한 언어로 자신의 감정을 적어보라. 또는 시, 음악, 무용, 미술 등을 통해 창조적으로 표현해보라.

유형
05

모르는 것에 대한 두려움

G화학 강 대리는 회사에서 교육담당자로 워크숍에 참석했다. 그는 필자가 강의하는 내내 많은 질문을 쏟아냈다. 휴식시간과 점심시간에도 마찬가지여서 잠시도 쉴 틈을 주지 않았다. 워크숍이 끝난 뒤 그는 "소장님, 참 대단하십니다"며 말을 걸어왔다. 자신은 강의할 때, 휴식시간이나 점심시간에는 질문을 하지 말라고 한단다. 강의시간 내내 말을 해야 하기 때문에 휴식시간까지 쉬지 못하면 너무 힘이 든다는 것이다.

누구보다 그런 사정을 잘 아는 그가 그토록 끊임없이 질문을 한 까닭은 뭘까? 그는 자신의 관심분야에 대해서는 무엇이든 대충 알고는 넘기지 못한다고 한다. 혹 자신이 모르는 것이 있을지도 모른다는 두려움을 갖고 있는 것이다.

주변사람들은 그런 그를 답답하게 여긴다. 사소한 것까지 알아보느라 늦어지는 일이 다반사기 때문이다. 실행을 하기 전의 워밍업이 너무 길다 보니, 생각만 하고 정작 실행은 못 하는 일도 허다하다.

이 과장은 무엇이든 혼자 생각의 동굴에서 깊이 고민하는 스타일이다. 그러다 보니 주변사람들로부터 '혼자서 무슨 생각을 그렇게 하느냐'는 핀잔을 자주 듣는다. 사소한 일을 너무 어렵고 복잡하게 생각하는 것이 아니냐는 충고도 많이 듣는다.

자신의 생각을 정리하는 데 시간이 많이 걸리기 때문에 시기를 놓치거나 판단착오를 하는 일도 많다. 본인도 답답하긴 마찬가지이다. 그래서 일을 요령 있게 빨리 처리하고 능숙한 인간관계에 힘입

어 출세하는 사람들을 보면 부아가 치밀기도 한다. 정작 본인은 그렇게 못하는 데 한숨이 나오기도 한다.

얼마 전 회의에서도 자신이 제안하려고 했던 아이디어를 다른 동료가 먼저 발표하는 바람에 공을 세울 수 있는 기회를 놓쳐버리고 말았다. 다른 사람들의 얘기를 모두 듣고 나서 말하려고 했다가 생긴 일이었다. 모든 것을 다 파악한 후에 그것들을 감안해서 객관적인 판단을 내리려고 하기 때문에 항상 한발 늦는 자신이 스스로도 괴롭고 못마땅하다.

전자회사에서 연구원으로 일하는 이 대리는 얼마 전부터 아내의 원망을 듣고 있다. 몇 해 전 아파트 값이 들썩이기 시작할 때 아내는 이번 기회에 아파트를 사자고 여러 차례 말했었다. 당시 이 대리는 수억 원이나 하는 아파트를 구입하는 일인데 신중해야 한다는 생각에 이것저것 알아보느라 차일피일 미루었다. 그렇게 몇 달이 지나는 동안 아파트 값은 천정부지로 뛰어오르고 말았다.

그 전에도 이런 식으로 기회를 놓친 경험이 있어 사실 이 대리의 초조함도 이만저만이 아니다. 그렇다고 정보를 살뜰하게 챙기지 못하는 아내가 미덥지 않아 선뜻 맡기지도 못한다. 이런 일이 반복되다 보니 아내의 원망을 듣게 된 것이다.

세 사람의 예는 뭔가를 결정하기에 앞서 모든 것을 알아야 하고 그런 다음에야 결정을 내릴 수 있다고 믿는 사람들의 특징을 잘 보여준다. 이들의 내면에는 모르는 것이 있어서는 안 된다는 강박관념이 자리 잡고 있다. 그것은 단순하게 많이 알고자 함이 아니라 철저하게 알고 싶어 하는 욕구, 그 원리까지도 알고 싶은 욕심이다.

물론 단순한 사실도 그 기본원리를 알면 훨씬 받아들이기가 편안해진다. 그렇지만 모든 것을 이해하려는 욕구는 무의식적으로 행동을 억제하고 절대적인 시간을 요구한다. 따라서 결정이 늦어지고 충분한 시간이 확보되지 못할 때, 이 유형의 사람들은 심각한 스트레스에 노출되고 만다.

이렇듯 늘 시간이 부족한 이들은 다른 사람들과 함께 보내는 짧은 시간에도 인색해지기 쉽다. 친구가 연락 없이 갑작스럽게 찾아오면 반갑기보다 당황하는 이유도 그 때문이다. 사람들을 만나 가볍게 얘기하는 시간도 아깝기만 하다. 그 시간에 차라리 알고 싶고 흥미 있는 일에 파고들 수 있도록 집이나 사무실을 지키는 편이 낫다는 생각마저 든다.

이들은 한편 사물을 볼 때 한 걸음 물러서서 관찰하는 습관 때문에 비교적 감정에 휩싸이지 않고 사건의 본질을 제대로 파악할 수 있다는 장점을 가지고 있다. 그러나 이것은 동전의 양면처럼 시간을 잡아먹는 도둑이 되어 실행 자체를 늦추는 결과를 가져온다. 아무리 뛰어난 계획도, 풍부한 정보도 실행하지 않으면 자신의 것으로 만들 수 없다. 오히려 지나친 관찰은 실행에 제동을 거는 걸림돌이 될 뿐이다.

이런 사람들에게는 무엇보다 현장 속으로 뛰어드는 용기가 절대적으로 필요하다. 생각 속에만 머무르지 말고 행동으로 옮길 때 성공 가능성은 그만큼 커진다. 반대로 시간에 구애받지 않고 정보를 수집하고 분석하는 데만 매달리다 보면, 그 사이 정보나 상황이 바뀌어 또다시 새로운 정보를 파고들어야 하는 상황에 놓이게 된다. 이렇게 지나친 신중함이 불러오는 악순환의 고리는 행동만이 끊을 수 있다.

자신의 동굴에서 빠져나와 변해가는 세상을 따라가며 삶의 활력을 찾고 다시 생각하라. 목표를 정하고 열정적으로 움직여라. 그러면 생각의 효율이 빛을 발할 것이다. 당신의 머릿속이 아닌 넓은 세상에서 원하는 성공의 길을 발견하게 될 것이다.

이건희(삼성그룹 회장)

*"철저하게 계획하여 준비했다면
과감하게 실행한다."*

이건희 회상은 1993년 독일 프랑크푸르트에서 "마누라와 자식만 빼고 다 바꿔라"는 말과 함께 신경영을 선언했다. 4년 후 다가올 위기를 미리 예상하고 그에 대비하는 최고경영자다운 모습이었다. 그리고 4년 후인 1997년 말 초유의 외환위기가 닥쳤을 때 삼성은 그것을 기회로 삼아 세계적 일류기업으로 발돋

움했다.

영국의 <파이낸셜 타임스>는 2003년 1월 19일 발표한 '2003년 세계에서 가장 존경받는 기업 50'에서 삼성전자를 42위로, '세계에서 가장 존경받는 기업 지도자 50'에서 이건희 회장을 32위로 선정했다. 이는 국내 기업과 기업인을 통틀어서 처음 맞는 일이었다. 특히 전자전기 부문 내 순위에서 삼성전자는 필립스, 노키아, 모토로라 등을 제치고 미국의 GE와 독일 지멘스에 이어 세계 3위를 차지했다.

2002년 4월 2일, 미국 뉴욕의 주식시장은 삼성전자의 시가총액이 65조 6,800억 원으로 소니(Sony)의 63조 5,600억 원보다 2조 1,200억 원이 앞선다고 발표했다. 뉴욕 주식시장의 보도가 나가자 한국과 일본의 신문들은 삼성전자의 소니 추월을 대대적으로 보도했다.

이보다 앞서 세계 유수의 시사주간지인 미국의 <타임>은 브랜드 인지도 면에서 삼성이 3년 내로 세계 최대 가전회사인 소니를 앞설 것이라는 전망을 내놓은 바 있다. 삼성의 공격적인 경영과 강도 높은 구조조정에 높은 점수를 준 것이다. 특히 탁월한 디자인과 첨단기술력으로 차세대 패키지 상품으로 평가받는 홈 미디어 센터 개발부문에서도 소니, 마이크로소프트 등을 앞선다고 평가했다.

우리 속담에 '돌다리도 두드려보고 건너라'라는 말이 있다. 대부분의 경영자들이 이 말을 미덕으로 여겨온 것은 신중히 기업을 경영해야 리스크를 최소화할 수 있었기 때문이다.

그러나 이러한 사고는 기업환경의 변화가 그다지 크지 않아 만들기만 하면 물건이 팔리던 생산자 중심의 시대에나 통하던 방식이다. 지금은 '누가 먼저, 남이 하지 않은 것을 시작하는가'가 경쟁력을 갖추는 데 관건이다. 이제는 돌다리가 아니라 나무다리라도 있으면 건너가야만 한다. 그것도 남보다 먼저 뛰어가야 한다. 그만큼 남보다 앞서 생각하고 빨리 결정해야 하는 시대인 것이다.

물론 이렇게 하다 보면 실수도 있게 마련인데, 과거처럼 무조건 책임을 물으려 해서는 안 된다. 책임만 강조하다 보면 누구든 새로운 시도에 등을 돌릴 것이기 때문이다. 그렇다고 무모한 모험을 해야 된다는 것은 아니다. 나무다리를 건너더라도 그것이 '다리'라는 확신이 서도록 나름대로 조사하고 분석해본 다음, 뛰어서 건너야 한다는 뜻이다. 이런 조사와 분석은 얼마만큼의 사전정보가 뒷받침되었냐에 따라 결정된다. 바로 그 방대한 데이디와 기본지식이 삼성의 힘이요, 이건희 회장을 가장 정확히 말해주는 특징이다.

예전에는 기술자라면 자기 분야에만 정통하면 아무 문제가 없었지만, 앞으로는 종합적인 사고능력을 갖추고 다른 분야까지 폭넓게 알아야 한다. 잘 팔릴 상품을 불량 없이 싸게 만들어 많은 이익을 내는 방법을 연구하고 대책을 수립하는 종합기술자가 되어야 하는 것이다. 유능한 기술자가 되려면 우선 자기 분야의 핵심기술을 정확히 알고 변화의 추세도 파악하고 있어야 하며, '내가 제일이다'라는 사고방식 대신 자신의 약점과 강점을 분명히 알고 있어야 한다.

이런 면에서 천재 육성론, 브랜드 가치와 스포츠 마케팅, 기회선점 전략, 골프경영학 등과 같이 그간 이 회장이 보여준 경영전략은 하나같이 미래지향적이자 종합기술자다운 발상으로 볼 수 있다. 그가 쓴 책 가운데 《생각 좀 하며 세상을 보자》가 시사하는 강한 임팩트는 역시 '생각'에 있다. 생각은 아는 것과 직결되어 있고, 알지 못하면 안 된다고 강력히 주장하고 있다.

2004년 초 이 회장은 삼성그룹 사장단회의에서 "앞으로 10년 뒤 무엇으로 먹고 살 것인가를 생각하면 잠이 안 온다"고 토로했다. 이 말 한마디를 시발점으로 정부부처 및 기업들은 미래전략산업의 해법을 찾아 동분서주하고 있다. 미래를 선도할 기술예측이 필요하다는 이 발상의 밑바닥에는 알지 못하는 미래에 대한 두려움이 깔려 있다. 그 두려움은 곧 내면의 알고자 하는 욕구와의 치열한 전쟁으로 치닫는다.

그래서인지 이 회장은 집무실 대신 주로 한남동의 승지원에서 일하면서 몇 시간이고 꼼짝 않고 생각에 잠긴다. 초밥 서너 개만을 먹고 하루를 버티며 생각에 빠지다 보면 48시간 동안 잠을 자지 않을 때도 많다. 특히 신규사업에 착수하기 전에는 자신이 원하는 답이 나올 때까지 조사에 조사를 거듭한다. 그리고 그 사업을 해야만 하는 이유에 대해 스스로에게 "왜?"라는 질문을 최소한 6번 이상 던진다. 그리고 다시 10번 이상 생각해본다.

또 한편으로는 자신이 알고 있는 바, 자신이 읽은 것을 스스로 뒤집는 것을 즐긴다. 매순간 스스로의 판단에 의문을 제기하며 자신의 사고조차 뒤집는다. 이것이 그가 이끄는 삼성그룹이 해마다 최고의 기록을 갱신하면서 성과를 내는 이유와 다르지 않을 것이다.

당신은 혹시 제대로 알지 못한다는 것 때문에 미루거나 해야 할 일을 시도조차 못 해보고 포기한 적이 없는가? 또 뭔가에 확신이 들 때까지 기다리느라 시간을 한정 없이 써버리고 아무것도 못 하는 잘못을 범하지는 않는가?

사실 어느 누구도 해보지 않은 일에 대한 결과를 예단할 수는 없다. 두려움은 실체가 없다. 만일 이런 유형의 사람이라면 스스로에게 충분히 생각할 시간을 주되, 결정을 내리거나 움직여야 할 때라고 판단되면 자신의 생각 속에서 과감하게 뛰쳐나오는 훈련이 필요하다. 이러한 용기와 자기 확신이야말로 막연한 두려움에서 벗어나 자기실현을 이룰 수 있는 가장 중요한 열쇠가 될 것이다.

빌 게이츠(전 마이크로소프트사 회장)
"열심히 생각하고 독서하라.
그리고 집중하라."

2009년 3월 11일 〈포브스〉지는 세계에서 가장 부자인 사람은 빌 게이츠라고 밝혔다. 컴퓨터 운영체제인 MS-DOS로 개인용 컴퓨터 소프트웨어 시장의 주도권을 쥐고, '윈도우 95'를 발표하여 대성공을 거둔 이후 그는 세계 최고의 부호로 등극하였다.

그런 그가 최근 다시 전 세계인의 이목을 집중시켰다. 2007년 하버드 대학교의 명예졸업장을 받는 자리에서 처음 주창한 '창조적 자본주의' 때문이다. 이것은 기업의 사회적 의무를 사회 시스템화하자는 주장으로, 전통적인 기부나 자선의 의미를 넘어서는 개념이다. 시장의 작동원리와 힘을 활용해 가난한 사람과 불평등을 겪고 있는 사람들을 돕는 강력한 시스템을 만들자는 것이다. 빌 게이츠는 이와 같은 주장을 하면서 매년 천문학적인 액수의 돈을 내놓고 있다.

성공하는 자에겐 다 이유가 있다. 피나는 노력도 필요하지만, 휴식과 명상 역시 꼭 필요하다. 빌 게이츠에게도 휴식과 명상을 위한 아주 특별한 습관이 있다. 그는 1년에 두 번씩 서미국 북부 태평양 연안에 있는 2층짜리 별장에서 오롯이 혼자 보낸다. '생각주간(Think Week)'이라고 부르는 이 기간 동안, 하루 2번 음식을 배달하는 관리인 말고는 가족도 출입이 금지된다.

이 기간 동안 그는 전 세계 MS 직원들이 보낸 'IT업계 동향과 진로에 관한 보고서'와 '아이디어 제안서'들을 읽고, 세상의 흐름을 뒤바꿀 결정들을 내린다. 넷스케이프가 독점해온 인터넷 브라우저 시장에 MS가 참여해야 하는 이유를 설명한 '인터넷의 조류'라는 보고서도 1995년의 생각주간에서 탄생했고, MS의 초소형 태블릿PC와 보안성을 강화한 소프트웨어, 온라인 비디오 게임에 대한 아이디어 역시 이 주간에 나왔다.

빌 게이츠는 지식 역시 중요하게 여겼다. 그는 대학교육을 받지 않는 상태에서 연봉이 4만 달러가 될 것이라고는 상상도 하지 말고, 공부밖에 할 줄 모르는 '바보'한테 잘 보여라고도 했다. 사회 나온 다음에는 아마 그 '바보' 밑에서 일하게 될지도 모른다는 것이다. 또한 그는 자신이 가장 잘하는 일은 사람을 선발하는 일이라면서, 어리석은 사람은 고용하지 않는다고 말한다.

자신의 성공 비결 가운데 첫 번째는 '독서의 힘'이라고도 밝히기도 했다. 결국 그의 성공비결은 생각, 독서 그리고 그를 통한 집중력이라고 정리할 수 있다.

'컴퓨터의 대중화'라는 시대의 대전환기에 기회를 발견한 빌 게이츠는 성공을 위해 앞서가는 기업을 분석해 따라 하고 개량함으로써 라이벌을 물리치는 2인자 전략으로 경영의 안정화를 꾀해왔다. 그리고 마이크로소프트사를 안정적이고 지속적으로 성장시키면서 37세에 세계 최고의 부자가 되었고, 그 자리를 13년간이나 유지했다.

　게이츠는 공허(모르는 것)를 거부했다. 생각하고 인재를 모으면서, 현실적이고 안정적인 발전을 꾀한 것이다.

✓ TIP BOX

미루는 습관을 없애기 위한 성공전략

1. 준비가 다소 부족하게 느껴질지라도 과감한 판단을 내리고 모험을 감행하라. 실수를 두려워하지 않는 타인을 모방해보는 것도 좋다.

2. 창의적 활동이나 운동을 통해 자신의 느낌을 표현하는 법을 배워라.

3. 타인과의 갈등이 있을 때 피하려 하지 말고 자신의 입장과 의견을 떳떳이 말하려고 노력하라.

4. 대화할 때는 짧게 말하고, 상대가 흥미를 느끼는지 살펴라. 그리고 상대를 대화에 참여시켜라.

5. 어떤 사람이 자신에게 의미 있는 존재라면 그에게 그것을 알려주어라.

6. 누군가에게 무언가를 주고 싶은 마음이 들 때에는 망설이지 말고 행동으로 옮겨라.

7. 혼자만 생각하고 있으면 상대방은 너무 답답해한다는 것을 인식하라. 생각하고 있는 바를 알리고 계획을 공개하라. 그리고 실천하라.

8. 다양한 사람들과의 상호관계를 경험하려면 현실세계나 공개된 장소로 적극적으로 나아가라. 상담이나 교육을 통해서 자신을 개방할 때 효과를 볼 수 있다.

9. 성공한 사람들은 도전하는 사람들이었다. 도전 없이는 성공도 없으므로 도전에 대한 가치를 인식하고 아는 것을 실천하는 데 더욱 집중하라.

10. 마음이 내키지 않더라도 되도록 많은 사람들이 모이는 장소에서 자신의 의견을 말하고 자신의 실적을 발표해보라.

유형
06

안전하지 못한 것에
대한 두려움

L 보험회사의 류 팀장은 최근 자동차를 구입했다. 오랫동안 벼르고 벼르다 마침내 새 차를 샀지만, 류 팀장은 마음이 편치 않다. 새 차가 마음에 들지 않아서가 아니다. 차를 구입하는 과정에서 알게 된 자신의 모습 때문이다.

그는 자동차를 구입하는 데 8개월이 걸렸다. 어떤 차를 골라야 할지 고민하느라 그토록 많은 시간을 흘려보냈다. 그런데도 막상 차를 구입하게 된 것은 함께 전시장에 들렀던 친구가 전시장을 둘러본 지 30분 만에 계약하는 것을 보고 나서였다. 그것도 그 친구가 결정한 그 차로 계약한 것이다.

류 팀장은 그 비싼 자동차를 그렇게 빨리 결정하는 그 친구가 신기하기도 하고 부럽기도 했다. 류 팀장은 무슨 일이든 결정하는 데 시간이 너무 많이 걸렸다. 이번에 그가 알게 된 자신의 모습이란 바로 이것이다. 결정할 일 앞에서는 늘 망설인다는 것이다.

그는 무슨 일이든 결정해야 할 때에는 다른 사람들에게 물어보고 다녔다. 큰일은 물론이고 사소한 일조차 혼자서는 결정하지 못했다. 그렇다고 그가 판단력에 문제가 있는 사람이거나 일처리에 미숙한 사람인 것은 아니다. 다만, 매사에 안전하기를 바란다. 예컨대, 차를 주차하고 자동장치로 문을 잠근 다음에도 잘 잠겼는지 확인해야 마음이 놓인다. 그러다 보니 모든 일에 시간이 더 걸리고 빠른 의사결정에 애를 먹는다. 요즘 그의 고민은 깊어만 간다.

자동차 부품업체인 P산업에 근무하는 이 과장은 차분하고 조심스러운 성격이다. 생각을 많이 하고 구체적인 아이디어가 많지만 자신의 의견을 드러내기보다 다른 사람들의 의견을 가만히 듣는 편이다. 그런데 얼마 전 중요한 프로젝트를 수행하는 과정에서 지나치게 신중을 기하다가 다른 업체에 그 프로젝트를 빼앗기고 말았다. 회사는 그에게 책임을 물었고, 결국 그는 문책성 인사를 당하게 되었다.

그는 지나치게 조심스러운 자신의 성격 때문에 고민하고 있다. 모든 일을 과감히 그리고 재빨리 처리하는 사람들을 보면 어떻게 그렇게 할 수 있는지 신기할 따름이다. 자신은 훌륭한 아이디어를 갖고도 확신을 못 해 저울질하는 사이, 다른 사람들은 별 볼일 없는 생각을 가지고도 능력을 인정받는다. 그들이 현명한 것이겠지만, 그렇다고 자신의 방식이 잘못된 것이라고는 생각하지 않는다. 다만, 안전하다는 확신을 하는 데 시간이 너무 걸리는 게 문제일 뿐이다.

가구업체를 경영하고 신 사장은 상상력이 아주 풍부한 사람이다. 문제는 그가 상상하는 일이란 즐겁거나 행복한 것보다는 항상 최악의 상황일 경우가 많다는 것이다. 그리고 바로 그 때문에 대박을 터뜨릴 수 있는 절호의 기회를 놓쳤던 아픈 경험을 가지고 있다.

다행히 경영이 다소 안정되어 있는 편이지만, 요즘 같은 불황을 맞고 보니 과거에 어리석었던 자신의 실수가 여간 후회스럽지 않다. 더군다나 같은 업계의 박 사장이 큰 성공을 거둬 사업은 취미생활하듯 하고 때때로 여행과 휴가를 즐기는 것을 보면, 자신의 신세가 너무나 처량 맞게 느껴진다.

다른 사람들이 긍정적으로만 생각하고 일을 벌이는 것을 보면 부럽기도 하고, 부정적인 결과가 올 가능성을 간과하는 것 같아 걱정이 되기도 한다. 간혹 그의 예상대로 낭패를 보는 사람들도 있지만 오히려 일이 잘 풀리는 사람들도 적지 않으니, 자신의 판단이 미덥지 못할 때가 많다.

이런 유형의 사람들은 장래에 성공해서 행복한 모습을 상상하기를 좋아한다. 그리고 그 행복은 장차 모든 고생이 끝난 다음에야 누리는 것이 마땅하다고 생각한다. 그렇기 때문에 일을 하는 중간에 어떤 오락이나 삶을 즐기는 일들은 좀처럼 하지 않는다.

이런 생각은 내면으로부터의 '안전에 대한 집착'에서 비롯된다. 만에 하나 닥칠지 모르는 위험에 대한 두려움이 긍정적인 면보다는 부정적인 측면을 보게 하고, 그 때문에 오락을 즐기고 재미를 느낄 여유를 갖지 못하는 것이다.

그러나 많은 위험이 사라지고 안전이 확보되고 난 다음에야 누릴 수 있는 것이 얼마나 있겠는가? 그 다음이라는 것은 아마 평생 안 올지도 모르고, 나 아닌 가족이나 다른 사람들은 그 다음을 기다려주지 않을지도 모른다. 게다가 지금처럼 급변하는 세상에서는 오늘 가장 안전하다고 생각했던 것이 내일 리스크로 변할 가능성도 얼마든지 있다.

그런데도 이들은 스스로의 두려움을 줄이기 위해 안전을 유지해주는 사람이나 조직을 찾거나, 때로는 이에 반항하는 태도를 취한다. 이렇게 순응과 거부를 반복하며 그 사이에서 흔들리다 보면, 자신의 일을 끝까지 하지도 못한 채 시간만 잡아먹을 뿐 성과가 나지 않는다.

또 좋은 아이디어가 떠올랐는데도 '누가 방해하면 어쩌지?', '실패하면 안 되는데……', '내가 정말 할 수 있을까?'와 같은 걱정 때문에 일의 진척이 더디다. 그렇다고 일을 하지 않는 것은 아니다. 일에 몰두하는데도 점점 그 성과가 가시화되기 시작하면 불안감이 몰려오고, 결국 결말은 알 수 없는 곳으로 사라져버리게 되는 것이다.

따라서 무엇보다 먼저 불안의 실체를 파악해야 한다. 실제 있을 수 있는 리스크와 단순한 두려움을 교차적으로 체크하면서, 그 당사자 혹은 상황과 직접적으로 대면하는 것도 한 방법이다. 상상 속의 상황과 현실적인 상황이 자신이 느끼고 있는 것처럼 그토록 안전하지 못한가를 객관적으로 판단해보면, 실제로 걱정해야 할 부분은 자신이 느끼는 불안감의 10%에도 미치지 않을 가능성이 크다. 상상 속에만 존재하는, 실체 없는 불안감에 대한 특효약은 오직 현실을 객관적으로 직시하는 것뿐이다.

일반적으로 사람들은 자신의 단점을 보려고 하지 않는다. 그러나 그것을 드러내놓고 인정하지 않은 채 묻어두기만 한다면 자기혐오와 열등감만 쌓여갈 뿐이다. 반대로 자신의 내면을 성찰하며 개선하기 위해 노력한다면, 자신의 결점을 담담하게 받아들일 줄 아는 성숙함을 체득하게 될 것이다.

 또한 이런 유형의 사람들은 대체로 시간에 충실하기 때문에, 시간과 에너지의 균형을 잡아가는 것이 중요하다. 부정적인 결과에 대한 불안감이 엄습할 때일수록 긍정적인 사고와 자신감을 되찾는 데 에너지를 쏟아야 한다. 자신과 사람에 대한 믿음을 갖고 새로운 일에 도전하라.

안철수(안철수연구소 의장, KAIST 석좌교수)
"사람에 대한 믿음과 이해를 토대로 불확실성에 대비한다."

 컴퓨터를 사용하는 사람이라면 누구나 이 사람의 도움을 한 두 번 이상 받은 경험이 있을 것이다. 컴퓨터 의사 안철수. 국내에 보급된 대부분의 컴퓨터에 그의 백신 프로그램이 깔려 있기 때문이다.

 부산에서 태어나 서울대 의대를 졸업하고 대학원에서 의학박사 학위를 취득한 그가 컴퓨터와 처음 인연을 맺은 것은 대학교 1학년 때였다. 당시 디스크 드라이브를 처음 산 그는 '디스켓은 포맷을 해야 된다'는 사실을 몰라 한 달 동안이나 고생을 했다. 그런 그가 컴퓨터의 매력에 빠져든 것은 1988년 초. 자신의 컴퓨터를 공격한 브레인 바이러스를 푸는 과정에서 해커와의 전쟁을 시작하면서부터였다.

　이를 계기로 안 사장은 당시만 해도 대수롭게 여기는 사람이 아무도 없던 컴퓨터 백신소프트웨어라는 미개척 분야에 뛰어들었다. 1995년 '안철수 컴퓨터 바이러스 연구소'를 설립하고 지금까지 우리의 '컴퓨터 주치의 노릇'을 톡톡히 하고 있다.

　백신개발을 조직화해야겠다는 필요성에서 출발한 안철수연구소는 안티바이러스, 정보유출 차단, 유해정보 차단 등과 관련한 신속한 보안솔루션을 제공하고 있다. 또한 컴퓨터 바이러스 치료용 소프트웨어인 V3를 13년째 무료로 나누어줌으로써 외화 낭비를 막는 한편 컴퓨터 범죄 예방·퇴치 및 보안관련 홍보와 계도활동을 지속적으로 벌이고 있다.

　안 사장은 회사 홈페이지(www.ahnlab.com)에 자신의 경영철학을 담은 칼럼을 연재하고 있는데, 첫 번째 칼럼 주제는 '리더십'이었다. 그 칼럼에서 그는 "최근 미국에서 리더십 관련 책들이 붐을 일으키는 것은 무엇보다 불확실성이 큰 시대에 살고 있기 때문"이라고 분석하고 "이(불확실성)를 극복할 수 있는 힘은 위대한 리더십이며, 그 핵심은 원칙과 일관성"이라고 정의했다.

　그는 특히 아무리 올바른 원칙과 일관성을 가진 사람이라 할지라도 이러한 사실을 다른 사람들에게 제대로 알리고 이해시키지 못한다면 리더로서의 자격이 없다고 강조했다. 그리고 리더십을 생각할 때마다 떠오른다는 〈컨텐더(The Contender)〉라는 영화 한 편을 소개했다. 그 영화에 이런 내용이 있다.

미국 부통령이 재임 중 갑자기 죽자 대통령이 여성 상원의원을 부통령 후보로 지목한다. 그러나 청문회 과정에서 그녀는 대학시절 섹스 파티를 열었다는 스캔들에 휘말리고 만다. 그녀에 대한 여론이 불리한 방향으로 치닫고 급기야 부통령이 되기 어려운 상황에 이르지만 그녀는 노코멘트로 일관한다. 결국 스캔들이 사실이 아니었음이 밝혀지자, 대통령은 왜 진실을 밝혀 위기에서 빠져나오지 않고 노코멘트로 일관했는지 묻는다. 그러자 그녀는 이렇게 대답했다.

"부통령으로서의 자격은 정책과 능력으로 평가받아야 하는 것이지 사생활과는 무관하다는 것이 저의 믿음입니다. 그러나 스캔들이 사실이 아니라고 말하게 된다면 부통령으로서의 자격과 사생활이 관계가 있다는 것을 인정하는 것이 됩니다. 정치생명이 위협받는다고 해서 제 믿음과 원칙을 버릴 수는 없었습니다."

안 시장은 여기에 덧붙여 진정한 리더로 나기 위해서는 신뢰하는 관계가 중요함을 강조한다. 리더십이란 크게 보면 결국 사람과 사람 간의 문제이기에, 인간관계에서 신뢰가 가장 중요하듯 리더십에서도 신뢰의 형성이 가장 중요하다는 얘기다. 또한 신뢰를 얻으려면 자신의 이익을 위해서 상대방을 이용하지 않겠다는 진실한 마음가짐이 선행되어야 하며, 솔선수범을 통해서 스스로 일관성 있게 원칙을 지키고 성실하게 상대방과의 약속을 지키는 모습을 보여주어야 한다는 것이다.

여기서 알 수 있듯이 안 사장의 신념은 원칙과 신뢰이다. 원칙과 신뢰가 무너지면 한 발자국도 앞으로 나아갈 수 없다는 신념이 그를 성공으로 이끌어준 셈이다. 왜냐하면 그에게는 원칙과 신뢰만이 믿을 수 있는 것이기 때문이다.

그가 늘 직원들에게 '우리 회사도 얼마든지 망할 수 있다'는 사실을 주지시키는 것도 무엇이든 100% 안전할 수 없다는 인식을 분명히 보여준다. 다리를 만들어 사용하기만 하고 또 다른 다리를 만드는 데만 급급한 나머지, 최소한의 관리나 점검을 소홀히 하여 장기적으로 엄청난 손해를 가져온 성수대교 붕괴를 예로 들더라도 그가 왜 원칙에 근거한 성실한 삶을 재삼 강조하는지 이해할 수 있다.

요컨대, 자신에게 찾아올 수 있는 불안을 사전에 예방하고 안전하게 성공적인 삶을 유지할 수 있는 키워드는 원칙과 신뢰, 그리고 성실한 노력이다. 미래에 발생할 수 있는 위험요소를 미리 감지하고 대비하는 것을 게을리 하지 않을 때 성공이라는 결과는 약속된다.

그러나 지나친 안전주의는 자칫 앞으로 나가지 못하고 보수에 머물게 해 패러다임의 변화에 따라가지 못하게 할 수도 있다. 그러므로 이런 유형의 사람들에게 가장 필요한 것은 믿음이다. 사람에 대한 믿음과 이해를 토대로 하여 불확실성에 대비하면 미루는 습관을 없애고 자신에 찬 결정을 내릴 수 있다. 이와 함께 스스로 확신하는 한 가지에 대한 집중력을 높임으로써 살아 있는 성공신화의 주인공이 될 수 있다.

이순신 장군
"철저하게 준비하고 안전하게 대비해 승리할 수 있는 싸움만 한다."

이순신 장군은 23번에 전투에 나가 단 한 번도 패하지 않았다. 그것도 적과 상대도 안 되는 약한 전력으로 완승을 거두었다. 이순신 장군이 이끄는 함대는 전투를 치르는 동안 적선 359대를 대파시키거나 격침했다. 그동안 대파되거나 격침된 아군의 전함은 단 한 대도 없었다. 또 적군의 사상자는 33,780명인데 반해 아군의 경우는 243명에 불과했다. 이 엄청난 전과(戰果)는 해군 역사가 지속되는 한 영원할 것이다.

이순신 장군에 대한 소개는 더는 필요 없을 듯하다. 따라서 당시 적국 일본의 장군으로, 또 명나라 수군 도독으로 임진왜란에 참가한 두 사람의 글을 소개하는 것으로 대신하고자 한다.

한산도대첩에서 이순신을 맞은 일본의 장수 와키사카 야스하루는 한산도대첩 이후 6일간 굶었다는 기록을 남겼다.

　　나는 이순신이라는 조선의 장수를 몰랐다. 단지 해전에서 몇 번 이긴 그저 그런 조선의 장수라고 생각했다. 하지만 내가 겪은 그는 다른 조선의 장수와는 달랐다. 나는 그 단 한 번의 만남으로 두려움에 떨며 몇 날 며칠을 먹을 수가 없었으며, 장수로서 앞으로 나의 직무를 다할 수 있을지 의문이 갔다. ……
　　내가 제일로 두려워하는 사람은 이순신이며, 가장 미운 사람도 이순신이며, 가장 좋아하는 사람도 이순신이며, 가장 흠숭(欽崇)하는 사람도 이순신이며, 가장 죽이고 싶은 사람 역시 이순신이며, 가장 차를 함께 마시고 싶은 이도 바로 이순신이다.

한편, 명나라의 수군 도독으로 조선에 온 진린은 당시 명나라 황제에게 편지를 보내 조선의 통제사 이순신을 요동으로 오게 하라고 조언한다.

　　신(臣)이 본 이순신은 지략이 매우 뛰어날 뿐 아니라 장수로서 지녀야 할 품성 또한 고르게 지니고 있어, 만일 황제폐하께서 그를 귀히 여기신다면 우리 명나라의 화근인 저 오랑캐(훗날 청나라)를 견제할 수 있을 뿐 아니라, 나아가 저 오랑캐의 땅을 모두 우리의 명나라에 귀속시킬 수 있을 것이옵니다.
　　혹여 폐하께서 통제사 이순신의 장수됨을 걱정하실까 하여 말씀

드립니다. 이순신은 전란이 일어나고 수년간 수십 차례의 전투에서 단 한 번도 패하지 않았음에도, 조선의 국왕은 그를 업신여기고 조정대신들 또한 그 공적을 질투하여 수없이 이간질과 모함을 하였으며, 급기야는 통제사의 충의를 의심하여 조선 수군통제사의 지위를 빼앗아 백의종군케 하였나이다. 허나 통제사 이순신은 그러한 모함과 멸시에도 굴하지 않고 국왕에게 변함없이 충의를 보였으니, 이 어찌 장수가 지녀야 할 가장 큰 덕목이라 하지 않을 수 있겠나이까.

이순신 장군은 이처럼 당대에 이미 우리가 알고 있는 이상의 평가를 받았다. 이러한 평가의 배경에는 단 한 번도 지지 않은 전적이 있고, 전승을 위해 최선을 다한 장군의 노력이 있을 테다. 그런데 어떻게 한 번도 지지 않을 수 있었을까? 그것은 철저하게 준비하고 안전하게 대비하여 이길 수 있는 전쟁을 하였기 때문이다.

이것은 적국인 일본과, 전쟁이 확대되는 것을 막기 위해 전쟁에 참가한 명나라에서 그처럼 높은 평가를 받은 반면, 조선에서는 일본의 침략을 막아낸 영웅이었다가 통제사 지위를 빼앗아 마땅한 비겁한 장수로 평가와 대접이 양극을 치달은 이유이기도 하다. 장군은 질 것 같은 전투는 하지 않았던 것이다. 이기는 전략이 완전하게 준비되지 않으면 싸움 자체를 하지 않았다. 차라리 백의종군의 길을 택했다. 일본의 침략으로 풍전등화의 입장에 놓인 조선 조정으로서는 그런 장군이 영웅으로도 보이고 싸움을 피하는 비겁한 장수로도 보였을 것이다.

그러나 이순신 장군에게는 승리 이외의 다른 전략이 없었다. 적당한 타협 또한 용납하지 않았다. 물론 변명도 안 했다. 통제사에서 해임된 후에는 백의종군했고, 다시 통제사가 되었어도 묵묵히 많은 시간과 공을 들여 성실하게 전투를 준비했고 승리했다.

장군은 안전에 대한 두려움을 치밀한 전략과 준비 그리고 성실함으로 극복했다. 안전에 대한 두려움을 극복하고 실행하는 능력을 배가하는 데 이만한 방법은 없다.

✓ TIP BOX

미루는 습관을 없애기 위한 성공전략

1. 다른 사람이 당신의 장점을 말하고 칭찬할 때는 의심하지 말고 곧이 곧대로 믿어라.

2. 두려움이 닥쳐도 자신이 그것에 맞서고 극복할 수 있다고 생각하라. 얼마든지 실수를 해도 괜찮다고 세뇌시켜라.

3. 현재 하고 있는 일에 대해서 만족하는 것이 인생을 사는 '올바른' 방법임을 기억하라.

4. 누군가가 당신에게 잘했다고 말해줄 때를 기다리지 말고 스스로 자신의 등을 두드려주어라. 칭찬의 글을 쓰거나 말로 표현해도 좋다.

5. 권위 있는 사람이 부탁하면 싫어도 끌려가는 경향이 있다면, 당당하게 거절하는 법을 배워라. 그리고 솔직하게 "노"라고 말하라.

6. 지나친 경계심을 풀고 유머감각을 갖고, 다른 사람과 함께 현재의 상황을 점검해보라. 예를 들면, "당신도 ~을 생각하고 있는 것 같은데, 제 생각이 맞나요?"라고 의견을 물어보라.

7. 일을 잘게 나누어 한 번에 하나씩 해결하라. 너무 많은 일을 떠맡아서 과로하거나 스트레스를 느낀다면, 과감히 다른 사람에게 일을 넘겨주어라.

8. 걱정이 될 때는 스스로를 비판하지 말고 사실을 확인하라. 그리고 자신의 두려움을 들여다보라. 예를 들면, 1년에 비행기 추락사건이 몇 번 있는지 통계치를 찾아보라.

9. 명상, 호흡, 시각화기법 등 긴장이완 훈련에 참가해보라. 시간이 날 때마다 머릿속으로 평화스러운 장면을 떠올려보는 것도 좋다.

10. 운동이나 야외에서의 활동, 걷기 등 신체활동을 적극적으로 하라.

유형
07

고통에 대한
두려움

　교사인 김씨는 요즘 스트레스를 많이 받고 있다. 반복되는 일상에 염증을 느낀 탓이다. 김씨는 동료교사와 결혼했는데, 남편은 아주 꼼꼼한 성격을 가진 사람이다. 김씨는 그런 남편이 믿음직스럽기도 하지만, 답답하게 느껴질 때가 더 많다. 많은 사람들이 안정적인 직업이라며 선망하지만 교직도 훌훌 털어버리고 싶을 때가 한두 번이 아니다. 같은 학년을 계속 맡는 것도 싫고, 같은 식당에 두 번 가는 것 역시 싫어한다. 그러니 식사시간이 고역일 때도 많다.

　이렇듯 똑같은 일을 되풀이하는 것을 싫어하는 성격 탓에 일상생활에서도 여러 문제가 벌어지곤 한다. 일례로 아파트를 구입하긴 했는데, 얼마 안 가 싫증이 나 다른 곳으로 이사하고 싶어지는 것이다. 그래서 남편의 눈치를 보면서까지 이사를 자주 다녔는데, 아파트를 사고파는 것이 일종의 재테크로 인식해야 하는 우리나라 상황에서는 위험천만한 일이었다. 새로 산 아파트의 값은 떨어지고 이미 팔아버린 아파트의 값은 올라가니 빚만 잔뜩 지게 된 것이다.

 싫증났다고 무작정 옮기지 않고 진득하게 있으면서 잘만 사고팔았다면 준재벌쯤은 되었을 거라고 후회도 하지만 이젠 소용없는 일이다. 지금은 전셋집에 살면서 자신의 역마살을 풀어달라고 하소연하는 신세가 되었기 때문이다.

인테리어업자인 진씨는 워낙 설계를 잘하는 데다 공간을 마술처럼 바꿔놓는 탁월한 재주 덕분에 꽤 인기가 높다. 그런데도 사업적인 면에서나 가족관계에서는 그다지 성공적이지 못한 편이다.

그가 사업에서 성공하지 못하는 이유는 허술한 공사관리 때문이다. 공사관리에서 믿음을 주지 못한 까닭에 공사 전체를 맡지 못하고 늘 부분적인 하청만을 받아서 일하기 때문에 수익이 영 신통치 않은 것이다. 집안에서 장손이라는 것도 그에게는 버거운 일이다. 장손으로서 모든 가족들을 챙겨야 하지만, 그에게는 그게 쉽지 않다. 가족들의 높은 기대치 역시 그를 힘들게 하는 부분 중 하나다.

그런데 이 같은 문제의 원인은 어려운 일만 있으면 피하려고만 하는 그의 성격에 있었다. 곤란한 일에 직면하면 직접 처리하기보다 다른 사람에게 떠넘기거나 피하는 일이 비일비재하다 보니 신용을 잃고, 상황은 더욱 나빠지고 마는 것이다. 그는 현재 그의 좋은 기술을 아까워하는 몇몇 지인의 도움으로 근근이 사업을 운영해나가고 있다.

위의 두 사람은 고통에 대한 두려움을 가진 유형의 전형적인 예이다. 이 유형에 속하는 사람들은 항상 모든 일이 고통 없이 좋게만 진행되기를 바란다. 때문에 싫은 일을 맞닥뜨리면 의도적으로 기피하게 된다. 물론 인생이란 항상 좋은 일만 일어나는 것이 아니라는 것도 알고 있다. 때로는 나쁜 일도 일어나고 원치 않는 일도 발생하는 게 인생이다. 그러나 막상 원치 않는 일이 생기고 나면 도망부터

가고 싶어진다.

그러다 보니 시작은 잘하는데 마무리가 되지 않는다. 결말이 없는 것이다. 항상 웃으면서 시작했다가 얼버무리고 끝이 나니, 일을 미루는 것은 아닌데 결과적으로 일을 미루는 것보다 더 나쁜 상황이 벌어지고 만다.

또 이런 유형의 심리를 갖고 있는 사람들은 날마다 반복되는 무미건조한 일을 고통으로 여겨 성실하게 실행하지 않는 성향이 있다. 일이 처음 시작될 때는 신이 나고 하늘을 날 것 같은 기분이었다가도, 같은 일이 반복되면 고통으로 받아들인다. 더욱이 일이 진행되는 과정에서 어려움이나 문제점이 발견되면 상황은 더욱 심각해진다. 결국 모두 던져버리고 마는 것이다.

이들은 반면 워낙 낙천적인 성격 덕에 과거의 실패에 얽매이지 않는다는 장점을 가지고 있다. 다만 과거의 역사를 기억하지 않으니 거기서 배우는 교훈 또한 쉽게 잊어버린다. 또 이들은 매사가 즐겁고 항상 '좋고 괜찮다'고 여기는 긍정적인 사고 외에도 창조에 대한 열의가 남다르다. 늘 새로운 일을 구상하는 까닭은 쉽게 싫증을 내기 때문이기도 하지만 늘 새롭고 독창적인 아이디어가 넘쳐나기 때문이기도 하다.

이들이 있는 곳에는 근심이 사라지고 기쁨이 넘쳐흐른다. 누구와도 쉽게 친해지고 잘 어울릴 뿐만 아니라, 논리적으로도 빈틈이 없어 어느 한 법칙에서 새로운 개념을 도출해내거나 대립하는 개념의 공통점을 찾아내는 능력 또한 탁월하다. 이러한 능력에서 독창적인 아이디어가 나오기도 한다.

그러나 그 내면을 살펴보면 이런 능력들 역시 고통을 회피하고 재미있는 일만을 하고 싶어 하는 '집착'의 산물이라고 할 수 있다. 그렇다고 해서 자신의 성향을 부정하고 무작정 극복하려고만 해서는 문제를 해결할 수 없다.

우선 창조에 대한 열의와 독특한 것에 매료되는 장점을 최대한 살려 독창적인 아이디어를 개발하는 데 전념해야 한다. 그러면 훨씬 더 성공한 인생을 살게 될 것이다. 또 자신이 고통스럽거나 더 좋은 즐거움이 나타났을 때 일을 미룬다는 사실을 기억하고, 그러한 상황을 미연에 방지한다면 자신이 가진 무한한 에너지로 큰 성공을 이끌어내게 될 것이다.

하지만 가장 근본적인 해결책은 시작한 일을 끝내는 끈기와 성실함을 갖는 것이다. 이 두 가지만 발휘된다면 더 이상 일을 미루지 않을 것이며, 마무리도 멋지게 해내게 될 것이다. 그러면 당연히 신용도 쌓을 수 있게 된다.

지나간 날의 실패는 얼마든지 성공의 재료로 재생산할 수 있다. 실패는 성공으로 가는 사다리이다. 그 사다리를 밟기 위해서 가끔은 부정적인 측면도 감내해야 한다. 원치 않는 상황 또한 끌어안고 사랑하라.

정문술(전 미래산업 사장, KAIST 이사장)

"끈기와 성실함으로
실패 앞에 당당히 맞선다."

'성공신화를 창조한 인물'이라는 평가를 받는 정문술 사장은 1998년 제30회 한국의 경영자상을 수상하기까지 자수성가로 미래산업을 키워내 사원들에게 억대 주식을 보유하게 만들었으며, 1999년에는 국내 업계 최초로 미국 나스닥에 주식을 상장하는 쾌거를 올렸다.

그는 전북 임실군 강진면 상재(商材)가 있는 집안의 장남으로 태어나 비교적 유복하게 자랐다. 하지만 한국전쟁 발발 후 전 재산을 잃으면서, 자녀의 교육을 위해 모친이 직접 행상에 나서야 할 정도로 어려운 시절을 보내게 된다.

정 사장이 적성에 맞는 일을 찾아낸 것은 군대에 입대해서였다. 육군본부에서 행정병으로 일하던 그는 중앙정보부 파견장교에게 추천돼 제대와 동시에 중앙정보부로 특채된다. 하지만 12·12사건 이후 득세한 보안사와 당시 중앙정보부 사이의 불화로 1979년에 강제 해직당하고 만다.

18년 동안 공무원으로 살아왔던 그는 퇴직금을 털어 '풍전기공'이라는 조그만 금형공장을 인수하지만 실패를 맛보고, 와신상담 끝에 반도체야말로 향후 세계적으로 각광받을 총아라는 점을 깨닫는다. 이렇게 해서 1983년에 새롭게 세운 미래산업은 리드 프레임 매거진의 개발로 잠시 호황을 맞지만, 무인 웨이퍼 검사장비의 실패로 다시 도산 직전에 이른다.

가족 동반자살을 시도할 정도의 궁지에 몰렸지만, 그 와중에도 그는 다년간의 개발 실패를 통해 축적한 기술을 자산으로 1989년 테스트 핸들러의 개발에 착수해 이를 핵심 사업화함으로써 미래산업을 블루칩 양산업체로 탈바꿈시켜 놓는다.

그의 모험심은 여기서 끝나지 않았다. 1999년에 인터넷 포털 업체인 '라이코스 코리아', 보안솔루션 업체인 '소프트 포럼', 모바일 게임기 업체인 '모바일 게임' 등 굵직한 벤처기업을 속속 창업해 세계 기술시장의 트렌드를 개척해 나가는 한편, 미래산업의 차세대 아이템인 SMD 마운터의 개발에 착수했다.

그런 정 사장이 지난 2001년, 갑작스럽게 은퇴를 선언했다. 정 사장은 당시 "기업의 경영권은 세습되어서는 안 되며 전문경영인이 기업을 이끌어야 한다는 소신을 실천하기 위해 모든 직책을 사임한다"는 뜻을 밝혔다. 종업원들에게 회사를 물려주겠다는 평소의 생각을 실행으로 옮겼을 뿐만 아니라, 바이오테크 분야의 고급인재를 양성해 달라며 한국과학기술원(KAIST)에 개인 재산 300억 원을 기부하는 미담을 남겼다.

"모든 경영이론은 초등학교 도덕교과서 안에 적혀 있다." 그는 입버릇처럼 이렇게 말했다. 그리고 말 그대로 철저하게 상식과 자연법에 입각해 인생을 살고 기업을 경영했다. 그의 경영이념은 지극히 원론적이고 단순해서, 일단 식구로 받아들인 인재는 무슨 일이 있더라도 전폭적으로 지지·지원해주고, 모든 일에 직원들의 자율의지를 최우선으로 삼았다. 중소기업 경영평가단으로부터 "직원들의 태도가 고삐 풀린 망아지 같다"는 비판을 들어도 전혀 개의치 않았다.

그는 '미래를 기다리지 않고 창조한다'는 기업이념과 윤리, 정도의 경영철학을 바탕으로 독특한 기업문화를 형성했고 그만의 인재관을 가지고 기업을 경영했다. 최고가 되기 위해서는 직원들을 짜내는 식이 아니라 위에서 말한 바와 같이 자유방임의 분위기를 만들어줘야 한다는 지론을 지켰다. 기술개발에 있어서도 그는 실패에 대한 책임을 추궁하지 않았다. 실패 또한 자산이라는 생각 때문이었다.

리더가 먼저 올곧고 정직하게 행동해야 구성원들이 리더를 진정으로 믿고 의지하게 된다는 점을 경험을 통해 깨달은 그는, 창업 초기부터 작업장 청소며 관공서 수발 등 온갖 궂은일을 솔선수범하여 처리해왔다. 그런 그의 경영스타일로 일궈낸 미래 산업에 대해 언론에서는 '정문술교(敎)'라고 일컬을 정도였다.

그의 경영철학을 분석해보면 합리적이고 논리적인 면보다는 호기심이나 독특함, 창의성 등이 보다 두드러진다. 의무나 책임을 논하기 전에 재미와 흥미를 통해 동기를 유발한다. 그러다 보니 구속이나 원칙보다는 자율을 강조하는 방식이 곧 사업성장의 토대가 된 것이다.

정 사장처럼 하고 싶은 일을 찾아서 하는 사람들의 특징은 고통에 대한 두려움을 회피하고 재미있는 일에 매달린다는 점이다. 그래서 일을 벌이는 데는 적극적이지만 마무리가 다소 미흡한 경향이 있다. 그 때문에 정 사장 역시 여러 번의 실패를 겪어야 했다. 그러나 정 사장은 실패 앞에 당당했다. 그리고 '성공신화를 창조한 인물'이 되었다.

고통에 대한 두려움을 극복하려면, 작은 어려움만 닥쳐도 고통을 회피하기 위해 뒤로 물러서려는 내면의 소리를 감지하고 이에 당당히 맞서는 용기가 필요하다. 고통에 당당히 맞서야만 고통을 뛰어넘을 수 있음을 잊지 마라. 어떤 어려움이든 한번 견뎌내 보리라는 마인드로 무장하고 내면의 메시지에 귀 기울인다면, 자신이 가진 순발력과 창의력은 빛을 발하게 될 것이다.

✓ TIP BOX

미루는 습관을 없애기 위한 성공전략

1. 규칙적인 식사와 수면을 취하고, 수영이나 태극권 등 자신에게 맞는 운동을 꾸준히 하라.
2. '다른 일을 했더라면……'과 같은 생각은 전혀 도움이 되지 않는다. 지금 하고 있는 일에 집중하라.
3. 갖고 싶은 것에 초점을 맞추지 말고 갖고 있는 것에 감사하라.
4. 과음과 과식을 피하고, 당신이 감당할 수 있는 것 이상으로 일을 벌이지 마라.
5. 문제가 곧 해결될 것이라는 막연한 생각을 품지 말고, 인생의 어두운 면이나 부정적인 면을 충분히 고려하라. 긍정적인 사고가 모든 문제를 해결해주지는 않는다는 점을 깨달아야 한다.
6. 속마음을 털어놓을 만한 친구나 상담전문가와의 대화를 통해 스트레스가 지나치게 쌓이지 않도록 하라.
7. 자신의 감정을 솔직하게 인정하고 그것이 곧 지나갈 것임을 믿어라.
8. 친밀한 사람과 함께 보내는 데 시간을 충분히 할애하라. 예를 들어, 배우자와 함께 보낼 시간을 따로 떼어놓고 하루 스케줄을 잡아라.
9. 자신의 특성에 대한 다른 사람들의 이야기를 열린 마음으로 듣고, 자신을 향상시키는 데 활용하라.
10. 대화나 인간관계에 있어 자칫 자기중심적으로 흐르지 않도록 상대방이 무엇을 원하는지 물어보라.

유형
08

약함에 대한 두려움

C그룹에서 인사를 담당하고 있는 도 과장은 별명이 불도저이다. 가장 자주 하는 말은 "빨리 빨리"이다. 어떤 일이든지 느린 것은 견디지 못하고, 부하는 물론이고 때에 따라서는 상사에게도 큰소리를 낸다. 업무추진 속도는 기가 막히게 빨라 타의 추종을 불허한다.

그런 도 과장을 맘에 들어 하는 상사도 있으나 못 견디게 싫어하는 상사도 있다. 부하직원들은 대부분 무서워하거나 복종하면서도 늘 불편해한다.

일을 잘하기는 하지만 부작용도 만만치 않기 때문에 호불호가 엇갈린다. 요즘 구조조정 이야기가 돌고 있다. 그러나 그는 전혀 불안해하지 않는다. 늘 그랬던 것처럼 여전히 큰소리를 치며 "빨리 빨리"를 외친다. 하지만 그의 이름이 살생부 명단에 올랐다는 소문이 파다하다. 정말로 그는 불안하지 않은 걸까?

S전자회사에서 일하는 백 팀장은 늘 자신감이 넘치는 사람이다. 그런데 어느 날 굉장히 충격적인 일이 벌어졌다. 화장실에서 우연히 부하직원들이 자신을 적나라하게 비판하는 소리를 듣게 되어 발끈해서 화장실 문을 확 밀고 나가려는 순간, 그들이 하는 말이 틀리지 않음을 깨달은 것이다. 늘 자신감에 넘치고 두려운 것이 없었던 그에게는 크고 작은 갈등이 늘 있어 왔다. 부하직원들은 그

갈등의 원인이 모두 백 팀장에게 있다고 말했다. 그날 백 팀장은 화장실에서 오랫동안 나오지 못했다.

그 후 그는 부하들의 눈치를 보게 되었고 매사에 의기소침해졌다. 그러다 더 큰 사건을 맞게 되었다. 어쩌다 상사와 충돌이 벌어졌고 그만 폭행죄로 고소당하고 만 것이다. 일은 어찌 수습되었지만 그 후유증은 쉽게 가시지 않았다. 해고통지를 받은 데다 심각한 내적 갈등을 겪고 있다.

그는 자신이 왜 상사에게 덤벼들고 싸워서 일을 그렇게 크게 키웠는지 이해할 수 없다. 게다가 화장실에서 부하들의 말을 들은 이후 나름대로 조심하고 있는 상황에서 벌어진 일이라 더욱 어이가 없다.

어려서부터 겁나고 두려운 것이 없었던 그는 스스로를 약하다고 생각한 적이 한 번도 없었다. 그런데 그런 생각이 지금 이런 문제를 일으킨 원인이라는 걸 부인할 수가 없다. 게다가 어떤 조직에서든 유사한 갈등을 일으키는 원인이 된다는 사실이 그를 괴롭히고 있다.

사회사업에 종사하는 장씨는 일방통행식의 일처리 스타일 때문에 여러 가지 어려움을 겪고 있다. 일의 특성상 여러 사람들과 업무에 관해 일일이 상의해야 하는데, 자기 마음대로 일을 처리하다 보니 일도, 인간관계도 원활하지 못하다.

스스로도 그렇게 하지 않으려고 노력하기는 하지만 쉽게 고쳐지지 않는다. 일을 하다 보면 어느새 똑같이 일을 처리하기 일쑤였다.

다른 사람들의 항의를 받으면 그는 언제나 거세게 되받아쳤고, 이 때문에 상처를 받고 단체를 떠나는 사람들이 적잖았다. 같은 이유로 일을 못 하겠다거나 아예 접촉을 꺼리는 사람들도 생겨나 전체 조직이 흔들리기 시작했다.

이처럼 문제가 드러나자 협회 차원에서는 장씨를 제재하려는 움직임이 본격화되고 있다. 그는 불안하지만 누구에게 상의도 하지 못한다. 자신의 약한 모습을 보여줄 수 없어 혼자서 끙끙 앓고 있을 뿐이다.

이처럼 약함에 대한 두려움을 가지고 있는 사람들은 자신이 옳다는 것을 증명해 보이기 위해 최후의 전사처럼 전력을 다해서 싸운다. 자신이 옳고 힘이 있다고 생각하기 때문에 물러나는 일은 있을 수 없다. 또 강력하게 자기주장을 관철시키기 때문에 다른 사람들은 이들을 무서워하기도 하고 건방지다고 생각하기도 한다.

이들은 또한 여간해서는 한번 꺼낸 말이나 자기주장을 꺾지 않는 독재자 스타일의 일처리 방식을 선호한다. 타인을 누르고 싶어 하기 때문에 싸움을 걸기도 하고, 늘 이기고 제압하려고 하기 때문에 갈등을 유발하기도 한다. 한편으로는 자신이 생각하는 정의를 실현시키기 위해 약자의 편에 서기도 한다. 그들(약자들)을 지키고 도와주는 것은 자신의 강함을 나타낼 수 있는 기회가 되기 때문이다.

이런 유형의 사람들은 자신의 약함을 드러내는 일을 치명적인 것으로 받아들인다. 그러나 강해 보이고 싶어 하는 사람이야말로 사실상 자신을 약한 존재로 정의하는 것이나 다름없다. 약하기 때문에 강해지려 하고 약함을 드러내지 않기 위해서 더욱 강한 모습으로 위장하는 것이다. 모욕을 당했다거나 자존심에 상처를 입거나 부당한 대우를 받았다고 생각하면 참지 못해 겁도 없이 폭발해버리고 만다.

이들이 일을 미루는 것은 이처럼 약점이 노출되는 것을 꺼리는데다 시간마저 컨트롤하고 지배하려고 하는 데 원인이 있다. 시간에 지배당하고 끌려 다니는 것조차 자신의 약함을 드러내는 것으로 여겨 시간을 지키는 일을 피곤한 일로 치부하고 무시하려는 것이다.

이들은 또한 생각보다 행동이 앞서 실수를 자주 하는 편이지만, 그런데도 "잘못했다"는 말을 잘 하지 않음으로써 인간관계에서 갈등을 겪는 경우가 많다. 갑자기 많은 일을 처리해야 하는 경우에도 이를 감당할 수 없음을 감추기 위해 오히려 극단적인 반응을 보인다. 그리고 그 결과는 갈등이나 일을 미루는 것으로 나타난다.

이런 유형의 사람이라면, 우선 행동에 앞서 한 번 더 생각하는 습관부터 길러야 한다. 불도저의 힘에 컴퓨터의 치밀함과 꼼꼼함을 보탠다면 어떤 결과가 일어나겠는가? 잘 안 어울릴 것만 같은 둘의 조합은 대단한 성공으로 이어지게 된다.

또 무리한 힘은 자신과 타인을 파괴시킬 수 있음을 기억해야 한다. 현재 무리하게 일을 진행하는 것이 나의 약함에 대한 두려움 때문은 아닌지 성찰해보자. 정확한 판단을 위해 모든 정보와 주변사람들의 생각에 귀 기울일 필요가 있다.

우리는 누구나 성공적인 인생을 꿈꾼다. 천하의 게으름뱅이가 되어서 실패한 인생을 원하는 사람은 아무도 없다. 누구에게나 조금씩은 있는 이 내면의 문제를 슬기롭게 해결해갈 때 성공은 스스로를 향해 미소 짓게 될 것이다.

정주영(전 현대그룹 회장)

"생각한 것을 실행함으로써
불가능을 가능하게 만든다."

'정주영'이라는 이름 석 자를 들으면 가장 먼저 떠오르는 것이 '성공'이란 단어다. 누가 뭐래도 그는 '성공한' 인물이다. 성공한 사람에게는 반드시 그럴 만한 이유가 있다. 언젠가 한 초등학생이 정 회장에게 그 이유를 물었다.

"할아버지는 어떻게 해서 그렇게 큰 부자가 되셨어요?"

단순한 질문인 듯하지만 그 자리에서 어린이가 알아듣도록 명쾌하게 답하기란 쉬운 일이 아니었다. 정 회장이 아이에게 되물었다.

"학생, 등산해본 적 있어요?"

"네, 북한산에 가본 적 있어요."

학생이 고개를 끄덕이며 말했다.

"오, 그래? 나도 손자들과 함께 가끔 북한산에 오르곤 해요."

정 회장은 얼굴 가득 웃음을 띠고는 그 아이를 잠시 바라보다가 '부자가 되는 비결'에 대해 설명하기 시작했다.

"산에 오를 때는 까마득히 높은 산꼭대기를 바라보며 올라가면 안 돼요. 자꾸 정상을 올려다보면서 '저 높은 데까지 어떻게 올라가나' 하고 생각하면 등산하기가 힘들어져요. 그러나 한 발짝 한 발짝 꾸준히, 그리고 열심히, 발밑을 내려다보며 올라가면 어느 사이에 정상에 오르게 되지요. 나도 처음부터 큰 부자가 되겠다는 생각을 하지는 않았어요. 그냥 열심히 일하고 그때그때 최선을 다한다는 자세로 살아오다 보니 부자가 된 거지요. 학생도 꼭대기만 쳐다보지 말고 하루하루를 열심히 살아가면 틀림없이 성공할 거예요."

어느 알피니스트가 "산이 거기 있으니까 오른다"고 했듯이 정 회장의 '등산' 목적도 정상에 오르는 것이 아니었다. 그는 정상에 오르기까지의 과정을 더 중요시했다. 한 발 한 발 꾸준히 오르다 보니 정상에 올랐고, 일이 좋아 열심히 하다 보니 돈이 모였다. 그리고 그 돈으로 좀 더 큰일을 벌이다 보니, 자기도 모르는 사이에 큰 부자가 되어 있었던 것이다.

정 회장은 1915년 강원도 가난한 농가에서 태어났다. 초등학교밖에 못 나왔지만 집념이 대단했던 그는 상경을 위해 모두 네 번의 가출을 시도한다. 매번 아버지의 손에 붙들려 고향으로 돌아오고도 결코 상경의 꿈을 포기하지 않은 것은, 교과서에 나오는 '청개구리의 교훈' 때문이었다.

한 청개구리가 버드나무에 올라가려고 몸을 날려 뛰었다가 가지가 너무 높아 실패했지만 낙심하지 않고 열 번, 스무 번, 서른 번 뛰어오르기를 거듭한 끝에 결국 성공했다는 이야기다. 그는 '개구리도 성공하는데 하물며 사람의 자식인 내가 이대로 주저앉을 수는 없다'며 의지를 불태웠고, 결국 네 번째 시도에서 가출에 성공한다.

그렇게 객지생활을 시작한 정 회장이 인천 부두에서 막일을 하고 있을 때였다. 그곳의 노동자 합숙소에는 빈대가 우글거렸다. 낮에 힘들게 일을 하고 나서 고단한 몸을 누일라치면 빈대가 극성을 부려 도저히 잠을 잘 수가 없었다. 그때 생각해낸 것이 여러 명이 한꺼번에 식사할 수 있는 합숙소의 커다란 식탁이었다.

정 회장과 몇몇 노동자는 빈대에게 물리지 않으려고 그 위에 올라가 잠을 청했다. 그러나 빈대들은 탁자 다리를 타고 올라와 악착같이 피를 빨아먹었다. 정 회장은 다시 꾀를 내어 탁자 다리를 물을 채운 양푼 네 개에 각각 담가놓았다. 양푼에 빠져 익사하지 않고 탁자 다리를 타고 오르는 빈대는 없었다. 하지만 그것도 이틀 밤을 넘기지 못했다. 다시 빈대들이 물어뜯기 시작한 것이다.

"이놈의 빈대들이 어떻게 탁자 위로 올라왔을까?"

정 회장은 불을 켜고 주위를 살펴보았다. 빈대들은 탁자 다리로 기어오를 수 없자 이제는 벽을 타고 천장으로 올라간 다음

공중으로 몸을 던지고 있었다. 그때 정 회장은 무릎을 탁 쳤다.

"그렇다. 빈대도 저렇게 전심전력으로 연구하고 노력해 제 뜻을 이루는데, 나는 지금 무엇을 하고 있는가? 빈대만도 못한 인간이 될 수는 없지 않은가?"

정 회장은 빈대에게서 귀중한 깨달음을 얻었다. 이것이 바로 그 유명한 정 회장의 '빈대철학'이다. 그 후 정 회장은 어려운 일이 닥칠 때마다 '빈대철학'을 되새기며 '빈대만도 못한 인간이 될 수는 없다'는 생각으로 이를 악물었다.

1971년 울산에 조선소를 건설할 때의 이야기다. 당시 정 회장은 차관을 도입하기 위해 런던으로 날아갔다. 그러나 영국 은행의 문턱은 너무도 높았다. 한국에서 배를 만든다는 것 자체를 믿지 못하겠다는 반응이었다. 정 회장은 기술협조 계약을 체결한 영국 A&P 애플도어의 회장을 찾아가 바지 주머니 안에서 500원짜리 지폐를 꺼내 보였다.

"이것은 한국 지폐입니다. 여기 그려진 것이 바로 거북선이지요. 한국은 이미 1500년대에 이런 철갑선을 만든 경험과 잠재력을 갖고 있습니다. 영국에서 조선(造船) 역사가 본격적으로 시작된 게 1800년대이니, 한국은 그보다 300년이나 앞선 셈이죠."

이 말 한마디로 은행의 부총재를 만날 수 있게 된 정주영은 그 자리에서도 "나는 조선소 건설이 가능하다고 믿는 사람이기 때문에 반드시 뜻을 이룰 수 있습니다. 다시 한 번 서류를 검토

해주십시오"라고 열변을 토했다.

"당신의 전공은 뭡니까?"

부총재는 고자세를 유지한 채 물었다. 그는 이미 자료를 훑어보고 정 회장의 학력이 초등학교 졸업이라는 걸 알고 있었다.

"내가 제출한 사업계획서를 보지 않았습니까?"

"물론 면밀히 검토했지요. 아주 완벽하고 훌륭했소."

"그 사업계획서가 바로 내 전공이오. 사실은 내가 어제 옥스퍼드대학에 그 사업계획서를 들고 가서 경제학박사 학위를 달라고 하니까 한번 척 들춰보고는 두말없이 학위를 주더군요. 그러니까 그 사업계획서가 바로 내 박사학위 논문인 셈이오."

'옥스퍼드 유머'에 부총재는 껄껄 웃었다. 물론 정 회장의 말은 농담이었다.

"하하하, 옥스퍼드대학 경제학박사 학위를 가진 사람도 이런 사업계획서는 못 만들 거요."

"알아봐 주시니 고맙습니다."

"당신은 유머가 전공인 듯싶소. 우리 은행은 당신의 유머와 함께 이 사업계획서를 수출보험국으로 보내겠소."

이것으로 정 회장은 영국 은행의 높은 관문을 통과할 수 있었다.

정 회장 가문과 현대그룹은 '하면 된다, 할 수 있다'는 신념 속에서 이루어진 의지의 산물이다. 그런 가문과 그룹을 일구어낸 현대가(家) 오너 경영인들은 하나같이 불 같은 성격의 소유자인 것으로 알려져 있다. 회의 때 보고를 제대로 못 하거나 답변이 시원치 않으면 속된 말로 그 자리에서 '박살이 난다'. 다혈질인 데다 성격도 급해 숨 쉴 틈 없이 일을 몰아붙이다 보니 때로는 상대방이 인간적인 모욕감을 느끼는 경우도 많다.

정 회장은 일처리가 마음에 들지 않으면 임원들에게 재떨이를 집어던지거나 구둣발로 정강이를 걷어차는 일도 종종 있었다고 한다. 그러나 이처럼 '힘으로 밀어붙이고 안 되면 되게 한다'는 식의 경영방침이 물막이 공법, 올림픽 유치, 포니 자동차의 신화를 창조해낸 원동력이었음은 재론의 여지가 없다.

그렇다면 정 회장의 내면에는 어떤 심리가 깔려 있는 것일까? 그것은 바로 절대 약해지면 안 되고 오로지 강해져야 한다는 심리이다. 약해지는 것에 대한 두려움 때문에 강하게 밀어붙임으로써 불가능한 일들을 숱하게 현실로 바꿔놓았다. 그러나 물불 가리지 않는 삶은 대권의 실패와 가족의 불행한 삶, 그리고 북한에서의 사업에 대한 무리한 투자 등으로 한편으로는 큰 상처와 아픔을 얻게 된다.

별것 아닌 일도 실행하지 못하고 약한 모습을 드러내는 것을 싫어하는 스타일의 사람이라면 정 회장식의 리더십을 고려해볼 수 있다. 그러나 자신의 강함이 치명적인 약점이 될 수도 있다는 사실을 절대 잊어서는 안 된다. 때론 자신의 약한 모습을 남들 앞에 드러내도 무방하다는 생각으로 정보탐색에 나서고, 타인의 소리에 귀 기울임으로써 합리적인 판단을 내려야 한다.

✓ TIP BOX

미루는 습관을 없애기 위한 성공전략

1. 자신의 파격적이고 잘 순응하지 못하는 행동을 인정하라.

2. 자신의 직선적인 태도를 존중해주고 솔직하게 대해주는 사람과의 유대관계를 돈독히 하라.

3. 막연히 무엇인가 되겠지 하고 손을 놓아버리는 기대감은 종종 당신을 실패하게 만들 수 있다. 그러므로 지나친 낙관은 금물이다. 기록이나 현실을 꼼꼼히 따져볼 필요가 있다.

4. 창조적이거나 신체적인 활동을 즐길 만한 시간을 따로 마련하라.

5. 다른 사람의 경험이나 관점을 무시하지 마라.

6. 상대방에 대한 고마움을 큰 목소리로 자주 표현하라.

7. 스스로에게 하는 것처럼 다른 사람을 심하게 몰아세우지 마라. 그들은 자신만큼 언쟁을 좋아하지 않는다는 것을 명심하라.

8. 다른 사람과 타협하는 법을 배워라. 중용의 가치를 깨닫고 중립적 의견의 정당성을 이해해야 한다.

9. 대화 도중에 화가 치밀어오르면 일단 대화를 중단하라. 또 분노가 폭발할 것 같으면 숫자를 세면서 마음을 가라앉히는 것도 한 방법이다.

10. 삶을 즐기는 사람을 찾아 함께 재미있는 시간을 보내라. 운동을 하거나 큰 소리로 노래를 부르면서 넘치는 활력을 발산시켜라.

유형
09

갈등에 대한 두려움

T전자의 고 과장은 주위 사람들에게 '법 없어도 살 사람'이라는 말을 듣는다. 후배도 잘 챙기고, 업무도 늦게까지 남아서라도 처리해서 부하직원들에게 피해가 가지 않도록 배려한다. 부하직원들도 거리낌 없이 고 과장을 대하고, 상사들도 그를 편한 사람으로 느끼고 있다.

하지만 집에서는 다르다. 그의 아내는 불만이 많다. 남편이 항상 퇴근이 늦은데다 나이나 직급에 맞는 대우를 받지 못하고 다른 사람들에게 만만해 보이는 것 같아 속이 상한다.

주부 조씨는 자신이 자꾸만 일을 미루려고 해서 큰 고민이다. 항상 지적을 받지만 잘 고쳐지지 않는다. 일찍 일어난다고 해서 늦게 일어나는 날보다 제대로 준비하는 것도 아니다. 항상 한 박자 늦게 시작하다 보니 다른 일이 계속 밀리기 일쑤다. 집안 청소, 밥 짓기, 세탁 등도 남편이나 자녀들의 독촉을 받아야 하기 때문에 식구들은 물론 자신조차 스스로에게 불만이다.

컨설팅 회사에 다니고 있는 최 대리 역시 늘 일처리가 늦다는 핀잔을 듣는다. 너무 태평해서 탈이라는 소리도 자주 듣는다. 과장의 심부름도 잘못 알아듣고는 언제나 엉뚱한 것을 사가서 혼나는데다

꼭 3분, 5분씩 지각을 한다. 사람은 좋아서 대인관계는 나쁘지 않지만, 업무는 항상 밀려 있고 밀린 일을 한꺼번에 해치우는 경우가 많다. 그러다 보니 종종 일에 펑크가 나서 자신은 물론, 다른 사람들에게까지 피해를 입힌다.

도대체 원인이 무엇일까? 자세히 살펴보면 갈등을 싫어 하다 못해 회피하려 하기 때문이다. 어릴 때부터 말 잘 듣는 어린이로 성장한 사람 중엔 이렇게 갈등을 회피하고자 일을 미루는 사람이 많다. 사회생활이 본격화되기 시작하는 초등학교에 입학하면서 갈등이라는 것을 처음 경험하게 되는데, 이것이 낯설다 보니 미루고 피하는 수동적인 방법을 택하게 된다.

이 유형에 속하는 사람들은 갈등을 유발하지 않으니 주변에 친구도 많고 포용력도 뛰어나다. 하지만 역시 자신이 주도적으로 일을 처리해서 얻은 결과가 아니라 친구들이 다가오는 것을 피하지 않음으로써 생긴 결과일 뿐이다.

성장하는 동안 자신의 진로문제 등을 고민하면서 결정을 못 하거나 미루려는 이들의 성향은 점점 강해진다. 결국 자꾸만 일을 수동적으로 하게 되고 시간을 한없이 잡아먹어 게으른 사람으로 변해가는 것이다.

갈등이 없으면 얼마나 좋을까? 하지만 인간은 혼자서는 살 수 없고, 함께 살아가는 한 갈등은 피할 수 없다. 따라서 갈등을 선별하여 피하거나 갈등에 맞서 싸워 나가면서 효율적으로 일을 처리하는 습관을 만들어야 한다.

이런 유형의 사람들은 대부분 매우 성실하고 끈기가 있으며 쉽게 한눈을 파는 성격이 아니다. 그렇기 때문에 해결의 키워드만 찾아내면 자신 속에 잠자는 거인을 깨워 성공은 물론 놀라운 역사를 만들 수도 있다.

이들에게는 모든 일에 결단을 내리는 습관을 갖고 우선순위를 정해서 그것을 실행하려는 노력이 성공에 이르는 관건이다. 물론 갑자기 큰일을 결정하기란 쉽지 않다. 그러므로 작은 일부터 결정하는 습관을 갖도록 하면 효과가 있다. 결코 "뭘 하든 아무렴 어때?" 하는 식으로 갈등을 피해 가려고 해서는 안 된다.

이렇게 작은 갈등부터 차근차근 스스로 결정을 내려가다 보면 복잡한 문제에 대해서도 그 길이 보이기 시작한다. 그러면 자동적으로 어떻게 살아야 하는가 하는 문제도 해결된다. 적어도 굼벵이가 아닌 부지런한 꿀벌로 살 수 있는 것이다.

하지만 무엇보다 중요한 것은 자신을 가치 있게 바라봐야 한다는 것이다. 주변에 쉽게 동화되어 자신을 잃어버리는 단순한 회피에서 벗어나서 창조적으로 자신의 가치를 만들어나갈 때 성공적인 시간 관리자로서의 최고봉에 오르게 될 것이다.

최종현(전 SK그룹 회장)

"폭넓은 포용력과 꾸준한 추진력으로 능력을 배가한다."

호랑이는 죽어서 가죽을 남기고 사람은 죽어서 이름을 남긴다는 말이 있다. 고(故) 최종현 전 SK그룹 회장. 그는 사후에 무덤을 쓰지 말고 화장을 하라는 유언을 남겨 생전은 물론, 사후에까지 향기 나는 이름을 남겼다. 세상의 안락도 모자라 저승까지 그 영화를 가져가려는 게 사람의 욕심이고 그래서 명당자리도 찾고 화려한 봉분도 꾸미는 것인데, 이를 마다한 그의 모습은 세상을 놀라게 하고 감동시켰다.

"힘 있고 돈 좀 있다고 없는 이들을 업신여기는 사람들을 볼 때마다 떠오르는 이가 바로 고(故) 최종현 전 SK그룹 회장입니다."
1980년대 초, 3년간 비서실장으로 최 회장의 측근에서 일했던 정원교 씨의 이야기다. 최 회장은 당시 비서실장이었던 그를 '촌놈'이라고 불렀다. 정원교 씨는 처음에는 이 호칭을 못마땅해했지만, 시간이 지나면서 그 말에서 느껴지는 특별한 정감에 감동하게 되었다고 한다.
최 회장은 주위사람들의 실소를 자아내는 인정어린 유머감각을 가지고 있었다. 신입사원은 물론이고 사장이나 부회장에게까지 '유(you)'라고 스스럼없이 불렀다. 이처럼 사람을 향한 따뜻함이 그로 하여금 '인간 위주의 경영'을 하게 만드는 원천이었던 것이다.

재미있는 사실은 최 회장이 회의시간에 브리핑이 마음에 안 들면 손톱을 깎았다는 것이다. 왜 그는 꼬치꼬치 묻거나 잘못을 지적하는 대신 손톱을 깎는 행동을 했을까? 이 같은 행동은 인간관계에는 능하지만 갈등을 회피하는 유형의 전형적인 특징이다.

1980년 석유에서 섬유에 이르는 수직계열화를 완성해 대기업의 면모를 갖춘 SK그룹은, 이동통신에 대한 분명한 개념조차 없었던 1982년에 앞을 내다보는 경영전략의 일환으로 정보통신 서비스 분야를 차세대 성장사업으로 선정했다. 그리고 1994년 1월, 민영화되는 한국이동통신(현 SK텔레콤)의 지분 23%를 인수하고 첨단통신 분야에 진출하였다.

당시 최 회장은 차세대 성장사업을 선정하는 3대 기준으로, 기존 업체들과의 경쟁을 피하고, 국가 산업발전에 기여할 수 있으며, 글로벌 경쟁체제 하에서 성장가능성이 높을 것을 꼽았다. 자동차나 가전 분야 역시 후보사업에 올랐으나 이미 충분한 경쟁체제가 갖추어져 있어 국가적으로 낭비를 초래할 수 있다고 판단하고, 정보통신 사업을 차세대 성장사업으로 정했다. 기존 전자업계와의 경쟁을 피하고 경쟁우위를 확보할 수 있는 서비스 및 소프트웨어 분야를 중점 사업으로 최종 선정한 것이다. 갈등을 피하려는 최 회장의 개인적인 성향과 미래를 내다보는 장기적인 안목이 이 같은 결정의 배경이었다.

SK그룹은 이후 대한텔레콤을 중심으로 컨소시움을 구성해 사업권을 신청, 1992년 8월 제2이동통신 사업자로 최종 선정됐지만, 당시 대통령이 최 회장과 사돈이라는 이유로 사회적으로 물의를 빚자 사업권을 반납했다. 대신 더 많은 자금이 요구되는 한국이동통신의 민영화에 참여해, 1994년 1월 공개입찰에서 총 4,271억 원을 들여 23%의 지분을 인수했다. 그리고 같은 해 7월 7일 임시 주주총회를 열고 한국이동통신의 경영권을 획득함으로써 정보통신 사업의 대장정을 본격화하기 시작했다.

최 회장은 인간중심의 경영마인드에 갈등을 피하는 폭넓은 포용력과 꾸준한 추진력으로 자신과 기업의 능력을 배가시켰다. 또한 가까운 곳에 똑똑한 참모를 두어 의사결정과 일처리를 원활히 했다.

만약 당신이 갈등을 회피하고자 일을 하염없이 늦추는 유형에 해당된다면 이제부터라도 우선순위에 따른 시간관리를 통해 일의 효율성을 높여가야만 한다. 더불어 작은 목표를 차근히 성취해가는 동시에 미래를 내다보며 꾸준히 할 수 있는 일에 집중하라. 그러면 성공은 소리 없이 당신 옆으로 다가올 것이다.

이나식품공업(한천업계 세계 1위)
"고속성장 대신
느려도 조금씩 커가기를 선택했다."

갈등요소를 배제하기 위해 어느 기업이나 바라는 고속성장을 포기하고 느리지만 행복하게 커가겠다는 기업이 있다. 일본 지방의 한 중견기업으로 한천(寒天)을 생산하는 식품회사인 이나식품공업(伊那食品工業)이다.

이나식품은 1959년 11명의 직원으로 시작해, 현재 직원 400명에 매출 160억 엔 규모로 성장했다. 한천을 가공하는 신기술을 개발해 업무용·가정용·외식용은 물론 의료용·공업용에 이르기까지 새로운 시장을 개척했고 연이어 히트상품을 내기도 했다. 설립 후 2005년까지 48년 동안 매년 영업이익과 매출 기록을 경신하면서 꾸준히 성장해, 현재 한천 식품업계에서 세계 점유율 15%, 일본 국내 80%를 차지하는, 명실상부한 세계 1위 기업으로 성장했다.

하지만 이것이 이 기업에 방송사, 잡지사, 신문사 등 언론의 취재요청과, 도요타를 비롯한 내로라하는 일본의 대기업에서 견학요청이 쇄도하는 이유는 아니다. 그 이유는 바로 '나이테

경영'이라는 이 회사의 독특한 경영철학에 있다. 즉, 해마다 나이테가 하나씩 늘어나는 나무처럼 기업도 천천히 순리에 맞게 조금씩 성장해야 한다는 것이다.

이나식품은 신제품이 큰 히트를 쳐서 주문이 밀려든다 해도 대량생산은 하지 않았다. 기업으로서는 밀려드는 주문에 맞추어 직원수와 설비투자를 늘리는 것이 당연한 일이겠지만, 이나식품은 이러한 고성장을 바라지 않는다. 호황시기에 무턱대고 규모를 늘렸다가, 불황이 닥치면 설비는 무용지물로 만들고 직원들은 구조조정이라는 살벌한 현실로 내몰지 않겠다는 것이다. 그보다는 느려도 '영원히 지속 가능한 성장'이라는 가치를 추구한다. 그러다 보니 대형마트를 통해 제품을 전국적으로 유통할 수 있는 기회를 거절하기도 했다.

매출 등으로 나타나는 기업의 규모로 경영의 성공을 가름하는 상황에서 이 같은 기업경영은 찾아보기 드문 사례이다. 하지만 이 기업의 직원들은 행복하다. 나이테 경영에서 가장 중요시하는 요소가 바로 '직원들의 행복'이기 때문이다. 이나식품은 직원들이 행복한 회사야말로 영속 가능하다고 믿는다. 당연히 구조조정은 없다. 무리한 고용이나 투자를 하지 않으므로 구조조정할 만한 큰 위기도 없었다.

직원들이 안심하고 근무할 수 있도록 종신고용, 연공서열 제도도 그대로 유지하고 있다. 2년에 한 번씩 해외여행 등 다양한 복지 혜택도 제공하고 있다.

이나식품은 모든 것을 순리대로, 나이테처럼 천천히, 그렇지만 지속적으로 성장하도록 경영해서 성공한 기업이다. 천천히 하지만 성실히 계속하는 능력은 장기적으로 갈등을 피하게 하는 특효약이 될 수 있다. 자칫 게을러지기 쉬운 갈등회피 형의 사람들에게 많은 가르침을 주는 기업경영이라고 하겠다.

미루는 습관을 없애기 위한 성공전략

1. 목표설정 자체를 미루는 경향이 있으므로 그날그날 이루고 싶은 바를 짧게 기록해보라. 그리고 일의 우선순위를 정해 중요한 일부터 처리하라.

2. 원하는 것을 확실히 알고 나면 능률이 높아지므로 뚜렷한 목표를 정하라.

3. 목표를 세울 때는 분명한 기한을 정하고, 한 가지 목표를 달성하고 나서 그 다음 목표를 정하라.

4. 진행하는 과정에서 나타날 갈등이나 결과에 대한 우려는 접어두고 일단 행동으로 옮겨라.

5. 한 가지 목표를 이루어냈으면 스스로에게 그에 대해 보상을 해주어라.

6. 시간관리 전문가나 관련도서를 통해 시간관리 기술을 배워라.

7. 일을 할 때는 자신이 가장 좋아하는 음악을 들으며 분위기를 편안하게 만들어라.

8. 자신의 생각이 옳다고 느껴지면 주저하지 말고 즉시 실행하라.

9. 자신에게 즐거움을 주는지의 여부에 기초해서 의사결정을 내려라.

10. 평소 사소한 문제들을 가지고 의사결정에 익숙해지는 연습을 하라.

제2장

실행할 수 있는 목표를 세워라

목표를 이루기 위해서는 분명한 목표의식이 필요하다. 행복하고 성공한 사람들을 살펴보면 하나같이 목표의식이 분명할 뿐 아니라 다른 사람들까지 목표의식을 갖게 하고, 경우에 따라서는 목표를 공유함으로써 함께 이루는 성공을 추구한다. 분명한 목표의 설정이야말로 실행에 대한 의지를 굳건히 하고 성공한 인생으로 나가는 초석이 된다.

목표수립 원칙
01

비전을 가져라

1953년 미국 예일대학에서 졸업반을 대상으로 확고한 삶의 목표를 어느 정도 가지고 있는지 설문조사를 하였다. 졸업생 중 67%는 뚜렷한 목표와 비전이 없었고, 30%는 비전이 있었지만 기록해놓지 않았고, 오직 3%만이 자신의 비전을 기록해놓았다고 한다.

그리고 그들이 졸업하고 20년이 지난 후 그들을 대상으로 수입과 직업 등을 조사했다. 그 결과, 자신의 비전을 기록해놓았던 3%의 졸업생의 수입이나 성공률이 비전을 기록해놓지 않은 나머지 졸업생들보다 훨씬 더 높은 것으로 나타났다.

물론 부의 축적이 인생에서의 성공과 실패를 가름하는 기준도 아니고 부 자체가 인생의 목표도 아니지만, 비전이 있는 사람과 없는 사람은 그 만한 차이가 있음을 보여주는 예인 것은 분명하다.

미국의 경제 전문지 〈포브스〉는 지난 2003년 컴퓨터의 황제 빌 게이츠(마이크로소프트 회장)가 재산 430억 달러로 9년째 미국 최고의 부자 자리를 지켰다고 발표했다.

빌 게이츠는 1975년에 이미 PC의 미래를 예견하고 있었다. 그는 '모든 책상과 가정에 PC를'이라는 엄청난 비전을 제시하고 이를 실행에 옮긴 사람이다.

그리고 1991년 그는 'PC에서 모든 것을!'이라는 새로운 비전을 만들어, 음악, 영화 텍스트, 정지화면 등이 통합된 멀티미디어 컴퓨터 개발에 수백만 달러를 투자했다. 그는 컴퓨터를 통한 미래의 발전된 모습을 상상하며 꿈을 꾸었다. 그리고 그가 꿈꾼 것처럼 지금은 PC에서 모든 것을 할 수 있는 시대가 되었다. 빌 게이츠의 꿈이 현실화된 것이다.

이런 비전의 원천은 마음에 있다. 머리 좋은 특정한 사람만이 아니라 우리 모두가 가질 수 있는 것이다. 마음에서부터 상황을 달리 보고 해결책을 생각할 때 비전은 탄생한다. 다시 말해, 문제에 집착하지 않고 문제의 해결책을 마음속으로 생각하고, 미래에 이루고자 하는 선명한 그림을 그리는 데서 비전이 만들어진다.

그러므로 비전은 누구나 가질 수 있다. 누구든 자신의 가능성과 성과를 기대하면 사람과 상황 등 주변 환경이 어떻게 달라지는가를 미리 내다볼 수 있는 것이다.

테레사 수녀는 민족을 초월해 극빈자들에 대한 연민으로 아무도 돌보지 않는 병든 사람들을 돌보는 사역에 대한 비전을 가졌다. 월드비전의 보브 피어스(Bob Pierce)는 세상의 굶주리는 어린이들이 배불리 먹는 그림을 그리면서 비전을 가졌다고 한다. 재소자 사역(Prison Ministry)을 시작한 척 콜슨(Chuck Colson)은 범죄자들에게 복음을 전해 그들의 삶이 질적으로 나아지는 것을 마음에 그렸다. 또 마틴 루터 킹은 흑인과 백인 아이들이 편견 없이 함께 어울려 놀고 있는 모습을 마음으로 그렸다.

소프트뱅크의 손정희 회장은 15세일 때 50년 후의 계획을 설계하면서 세계 최대의 인터넷 재벌이 된 자신의 모습을 그렸다.

영화 〈쥐라기공원〉을 만들어 우리나라가 자동차 150만 대를 팔아야만 벌 수 있는 돈을 한꺼번에 벌어들인 스티븐 스필버그는, 무작정 유니버설스튜디오로 찾아가 아무도 쓰지 않는 허름한 사무실을 자기 방으로 만들었다. 물론 허가를 받은 것도 아니고, 대학 졸업이나 그곳에 취직이 될 때까지 기다리지도 않았다. 다만 자신이 가진 영화에 대한 비전 하나로 아무도 알아주지 않는 촬영소로 들어가 곧장 자신의 일을 시작한 것이다.

역사적으로 길이 남을 사건이나 영향력 있는 단체들은 모두 비전을 가진 한 사람에 의해 시작된 것이다. 비전은 아직 살아 있는 당신이 미래를 위해 짜놓은 멋지고 흥분할 만한 각본이다. 비전은 우리의 마음을 요동치게 하고 소망과 기대로 가득 차게 한다.

어떤 일을, 왜, 그리고 어떻게 할 것인가? 비전이 확고하다면 목표를 세우고 어떻게 실행할 것인지에 대한 답을 찾는 일은 어렵지 않다. 스스로 비전을 갖고 있다면 나아가야 할 길이 분명히 정해지게 되어 있다. 장애에 흔들림 없이 과감하게 목표를 향해 나아가게 만드는 '내 마음의 비전'이라는 채찍이, 길을 막아서는 장애물들을 비켜나게 해줄 것이기 때문이다.

목표수립 원칙
02

문제를 초월해 인생을 멀리 내다보라

인생을 살다 보면 크고 작은 문제에 직면하게 된다. 잘 나갈 때는 즐거움에 콧노래가 절로 흘러나오지만, 문제에 직면하면 잠 못 이루며 고통스러워한다. 그리고 문제가 크면 클수록 고통의 강도도 커지게 마련이다.

어려움에 부딪쳐서 사는 게 힘들고 작은 희망의 빛조차 보이지 않을 때 어떻게 해야 하는가? 어려움은 마치 몸부림치면 칠수록 더 깊은 수렁 속으로 빠져드는 '늪'처럼 시간이 지날수록 점점 더 해결의 실마리를 찾을 수 없게 만드는 성향이 있다. 빠져나오려 하면 할수록 결과적으로 오히려 더 큰 실수를 하게 만들어 절망의 끝으로 내몬다.

흔히 사람들은 문제에 부딪히면 그것에 매몰되는 경우가 많다.

자꾸 문제만을 바라보는 것이다. 이렇게 문제만을 바라보는 사람들에게는 자기 영역을 정해놓고 밖으로 나가려고 하지 않는다는 특징이 있다. 사람들을 만나거나 하는 일도 없이 골방에 틀어박혀 하염없이 자기의 문제만을 생각하고 또 생각하기도 한다. 그러나 이런 태도로는 결코 문제를 해결할 수 없다.

매사가 그렇다. 머릿속에서 문제가 해결되어야만 행동으로 실천할 수 있는 것은 아니다. 그리고 문제만을 골똘히 생각해서는 오히려 그 문제의 포로가 될 가능성이 매우 높다. 완벽한 문제해결을 꿈꾼다면 이룰 수 있는 것은 아무것도 없다.

그렇게 생각하고 또 생각했는데 문제가 해결되지 않는다면, 결국 실망의 강이 범람하고 최후에는 둑까지 무너져 모든 것은 분노의 물결 속에 휩쓸려버리고 말 것이다. 이런 논리 때문에 완벽주의자들이 우울증에 빠질 가능성이 높다.

인생사에 완전히 해결되는 일은 많지 않다. 그러나 대개의 경우 명확한 답이 나오지 않는다 해도 중단하지는 않는다. 할 수 있는 것만으로 전진한다. 안 되면 안 되는 채로 또 전진한다. 대부분의 문제는 그러다가 답을 찾게 된다.

학창시절을 떠올려보자. 중학교 1학년 때 배운 것을 모두 알고 2학년으로 올라갔는가? 거의 대부분의 학생들은 그렇지 않을 것이다. 그리고 중2 때 배운 것을 다 모르고도 3학년이 된다. 하지만 고등학교 1학년이 되면 대개 중1 때 이해되지 않았던 것도 거의 다 알게 된다. 이것이 바로 '초월의 능력'이다.

우리에게 닥친 문제를 해결하는 데에도 이것이 답이 될 수 있다. 문제가 조금 있어도 그때그때 최선을 다하면서 나아가면 어느새 그 문제 밖으로 나와 있는 자신을 발견하게 된다. 어느덧 인생에 꽃이 피는 듯하고 만선의 배에서는 잔치가 벌어진다. 또 가을 추수의 꽹과리 소리를 들으며 "아! 인생은 이래서 좋은 것이야"라고 확신하게 된다. 이것이 바로 성공의 시각으로 세상을 바라보는 힘이자 능력이다.

우리나라에서는 2.0이면 시력이 매우 좋은 것으로 평가받는다. 그러나 이 정도는 비교도 안 되는 민족이 있는데, 바로 몽골족이 그들이다. 그들은 우리가 상상조차 할 수 없을 정도의 시력을 가지고 있는데, 보통 사람의 시력이 2.9이고 시력이 아주 좋은 사람이 7.0이라고 한다. 아무것도 안 보이는데 "앗! 저기 사람이 오네" 하면 2.9 정도의 시력을 가지고 있는 사람이며, "저……기 홍길동이 오네" 하면 7.0이라고 한다.

몽골족들의 시력이 그토록 좋은 이유는 드넓은 초원에서 멀리 바라보는 생활을 하기 때문이다. 막힌 것도 거슬릴 것도 없는 초원에서, 스카이라인도 하나 없이 시야가 확 트인 곳에서 생활하기 때문이다.

흔히들 눈이 피로할 때 눈을 감고 있으면 피로가 풀린다고 생각하지만, 눈을 감고 있다고 피로가 풀리는 게 아니다. 눈의 피로를 푸는 가장 좋은 방법은 바로 녹색을 많이 바라보거나 멀리 바라보는 것이다. 그래야 시력도 좋아진다. 눈을 감고 있어서 피로가 풀린다면 잠 많이 자는 사람들은 모두 시력이 좋을 것이 아닌가.

인생도 마찬가지다. 인생을 깨워서 멀리 바라볼 줄 아는 것이 쉬는 것이고, 이 쉼을 통해서 멀리 보는 능력이 배양된다. 인생의 어려움, 환난, 문제만을 계속 바라보면 피곤해진다. 인생을 바라보는 눈이 근시가 되어 근시안적인 인생을 살게 되는 것이다.

이제부터라도 문제를 초월해 저 멀리 성공나라의 행복을 바라보라. 성공을 바라보고 꿈꾸는 바로 그 스카이라인에 참된 쉼이 있고 행복과 만족이 있다.

삶의 문제, 그 해결은 어디에서 시작되는가? 성공을 바라보는 눈, 거기에서부터 시작되어야 한다. 그러면 문제 너머에서 기다리고 있는 행복이 살아나게 되어 있다. 문제에 매이지 마라. 우리 앞에는 성공나라의 행복이 펼쳐져 있다. 몽골인의 시각으로 문제를 초월하라. 우리 모두는 성공할 수 있으며 행복 시력이 7.0 이상이 될 수 있다.

목표수립 원칙
03

내 삶의 운전자가 되라

목표를 이루는 데 영향을 미치는 상황이 있다. 멀게는 정치, 경제, 사회, 문화와 같은 상황이 있고, 가깝게는 자신이 몸담고 있는 가정과 직장의 상황이 있다.

하지만 무엇보다 중요한 것은 외부상황이 아니라, 본인 내부의 상황이다. 어떻게 판단하고 선택하느냐는 결정과 행동의 문제인 것이다. 결국 어떤 결과를 만들어내느냐는 바로 본인 내부의 상황에 달려 있다고 할 수 있다.

내부의 상황, 즉 결정과 행동에 의해서 자신의 현재와 미래가 결정된다. 스스로 자신의 삶을 책임지고 주도적으로 행동한다면 현재와 미래의 삶은 물론 성공까지도 얼마든지 스스로 통제가 가능하다.

미국 심리학자인 윌리엄 글래서(William Glasser)는 자신의 '선택이론'에서 인생을 자동차에 비유하면서, 이 자동차를 운전하는 것은 바로 자신이라는 사실을 강조하고 있다. 이는 자신의 인생을 환경이나 타인에게 의존하는 한 결정적인 성공은 오지 않는다는 것을 의미한다.

많은 사람들이 이러한 사실을 인정하면서도 실행하는 데는 주저하고 차일피일 미루기 때문에 자신이 원하는 것을 이루지 못한다. 다른 사람의 생각이나 환경이 바뀌기만을 기다리고 있다면 그런 날은 영원히 오지 않는다는 사실을 알아야 한다.

혹시 예기치 않았던 행운이 찾아온다고 하더라도 그것은 우연일 뿐 오히려 더 큰 불행으로 바뀔 수 있다. 내부적으로는 전혀 바뀌지 않은 채 외부만 바뀐 것은 언제든지 제자리로 돌아갈 수 있기 때문이다.

그러므로 성공한 인생이 되기 위해서는 긍정적이면서도 지능적인 행동이 필요하다. 진정한 성공인은 빠듯한 예산이나 무분별한 상사의 질책, 원활치 못한 지원 등 어떤 불리한 상황에서도 불평불만을 토로하는 데 결코 에너지를 낭비하지 않는다. 그것이 사실이냐 아니냐의 문제 때문이 아니라, 그런 불평이나 불만을 생각하거나 얘기하는 동안에는 결코 성공인이 될 수 없기 때문이다.

그들은 불평이나 불만을 토로하는 대신 목적의식을 가지고 효율성을 높이기 위한 대안이나 새로운 길을 찾는 데 매진한다. 혁신적인 사고나 창의적인 아이디어는 이럴 때 생기게 마련이다.

목표를 이루기 위해서는 분명한 목표의식이 필요하다. 행복하고 성공한 사람들을 살펴보면 하나같이 목표의식이 분명할 뿐 아니라 다른 사람들까지 목표의식을 갖게 하고, 경우에 따라서는 목표를 공유함으로써 함께 이루는 성공을 추구한다. 분명한 목표의 설정이야말로 실행에 대한 의지를 굳건히 하고 성공한 인생으로 나가는 초석이 된다.

목표수립 원칙
04

분명한 방향을 설정하라

어떤 일이든지 목표로 하는 방향과 우선순위를 정하고 그 순서대로 힘을 집중하면 성공 가능성은 몇 배로 높아진다. 단순한 동기부여를 뛰어넘는 힘의 집중과 방향설정이 그만큼 중요하다는 얘기다.

부자가 되겠다는 목표를 세운 사람이 연간수입은 3,000만 원인데 지출이 2,800만 원이라면 부자가 되겠다는 방향설정 자체가 완전히 잘못된 것이다. 보통 부자가 되기 위한 첫걸음은 종자돈 모으기라 할 수 있다. 그렇다면 종자돈을 모으는 것에 힘을 모으고 그런 방향으로 재정설계가 이루어져야 한다. 예를 들면, 장기주택마련저축에 가입해 세금공제혜택을 받으며 7~10년 가입기간 안에 종자돈을 마련하는 데 전력해야 한다는 뜻이다. 차도 사고 젊음의 향연을 외치며 넘실거리며 살게 되면 남는 것은 에너지가 고갈된 처량한 인생뿐이다.

그러므로 목표를 세우고 그 목표를 이루기 위해서는 자신이 설정한 방향을 잊지 않아야 한다. 그리고 그를 위해서는 목표관리에 소홀해서는 안 된다.

목표관리에는 두 가지가 전제되어야 한다. 첫 번째가 힘 기르기요, 두 번째는 초점 맞추기를 개발하는 것이다. '초점 맞추기'에 대해서는 '목표수립 원칙7'에서 알아보도록 하고 여기에서는 '힘 기르기'에 대해 살펴보기로 하자.

분명한 방향을 설정하고 그대로 이어나가기 위해서 무엇보다 먼저 힘을 길러야 한다. '힘 기르기'는 일에 대한 헌신도와 실제로 얼마나 착실히 시행하는가를 보여주는 참여도에 의해 증폭된다. 이 힘이 마련되면, 어렵고 힘든 상황이 닥쳐도 자신이 설정한 방향을 잃는 일 없이 효율적이고 적절한 대책을 마련할 수 있게 된다. 따라서 이 힘은 개인의 삶에 있어서 상당히 중요한 변수로 작용한다.

만일 성공하기 위한 헌신과 실행이 없다면, 아무리 창의적이고 그럴 듯한 계획을 세운다 해도 한낱 '한여름 밤의 꿈'에 불과할 것이다. 그러나 실제 생활에서 희생하고 헌신하면서 목표를 위해 살아간다면, 그 힘은 넘칠 것이고 상상하던 바는 현실이 되어 나타나게 될 것이다.

그렇다면 어떻게 힘을 불어넣을 것인가? 이제 그 방법을 찾아보도록 하자.

　우선, 분명하고 확실하게 정의된 목표를 세워야 한다. 이때 목표는 도전할 만한 것이어야 하고 야망이 충분히 반영된 것이어야 한다. 그러나 그 실행은 작고 간단한 것부터 시작해야 한다.

　둘째, 목표는 간단해야 한다. 복잡하고 길면 단순하고 쉽게 실천할 수 없게 된다. 당장 실행하는 것이나 초점을 맞추는 데에도 어려울 수 있다.

　셋째, 즉시 할 수 있는 것이어야 한다. 나중에 하는 것은 아무 의미가 없다. 현재 할 수 있는 일에 집중하는 것이 중요하다. 실행은 지금 하고, 나중에는 그 결실을 맺어야 하는 것이다.

　예를 들어, 부자가 되겠다는 목표를 세웠다면 오늘 당장 장기주택마련저축에 가입하고, 오늘부터 지하철을 이용하고 절대 택시를 타지 않는다. 건강을 위해 운동하기로 목표를 세웠다면, 다음 달 월급 타서 헬스클럽에 등록하겠다는 계획보다는 오늘 당장 줄넘기부터 하는 것이 바람직하다. 또 성공인이 되기 위한 마인드를 갖춰야겠다면, 지금 즉시 적당한 도서 5권 정도 사다가 꾸준히 읽는다.

　이렇게 즉시 실천할 수 있는 프로그램을 짜서 바로 실행한다면 이미 성공인으로서의 모습을 가지게 되는 것이다. 그 다음은 산꼭대기에서 야구공만한 눈덩이를 만들어서 아래로 굴리는 것처럼 쉬워진다.

　넷째, 구체적이어야 한다. 애매모호한 목표는 결과 또한 애매모호할 수밖에 없다. 다시 말해 구체적인 목표라야 구체적인 결과를 가져올 수 있다는 것이다. 막연하게 성공하고 싶다가 아니라 행복을 전파하는 성공인이 되겠다거나, 구체적으로 수치화된 목표를 가지는 것이 좋다.

예를 들면, 그저 "부자가 된다"가 아니라 "10억 부자가 된다"거나 "35세에 사업가가 되겠다"가 아니라 "35세에 프랜차이즈 사업가가 되겠다"와 같은 식이다. "웰빙 인생을 살겠다"가 아니라 지금부터 "패스트푸드점이나 패밀리 레스토랑에는 가지 않고, 생협(유기농 농산물 판매장)에 가입해서 직접 조리해서 먹겠다"와 같이 구체적인 목표를 세우는 것이 내 삶의 힘을 기르고 목표에 초점을 맞추는 데 훨씬 더 효과적이다.

다섯째, 진지해야 한다. 때로는 흥미 위주나 재미 삼아서 하는 일도 있을 수 있지만, 나의 인생이 흥미나 재미의 대상이 되어서는 안 된다. 목표를 세울 때 진지할수록 강력한 힘이 만들어지고, 스스로를 그 일에 헌신하도록 만들어서 원하는 인생을 살게 되는 것이다.

또 하나 덧붙이고 싶은 것은 목표를 세울 때는 반드시 기록하라는 것이다. 그저 막연히 생각하고 기억해두는 목표보다 문자로 분명히 기록된 목표가 훨씬 더 실행 가능하다는 것은 이미 밝힌 바 있다. 이것은 시각화(목표수립 원칙7 참고)와도 관련이 있을 뿐 아니라 힘을 기르는 것과도 깊은 관계가 있다. 목표를 기록하는 요령은 다음과 같다.

첫째, 긍정적인 생각으로 목표를 세우고 긍정문으로 기록한다.

"나는 성공할 수 있을까?"가 아니라 "나는 성공한 사람이다", "나는 몸짱이 될 수 있을까?"가 아니라 "나는 몸짱이다"는 식으로 생각하고 기록한다.

둘째, 현재시점으로 기록한다. "나는 내년에 내 집을 마련하겠다"가 아니라 "나는 내 집 마련을 위해서 2억을 만들고 있다"라는 식의 현재 상황으로 목표를 표현한다. 우리의 잠재의식은 긍정적이며 현재시점에서의 상황에 민감하게 반응하기 때문이다.

셋째, 1인칭 문장으로 기록한다. 목표로 하는 문장을 반드시 '나는~'으로 시작한다. 1인칭 문장은 내면 깊숙이 전달하는 힘이 크기 때문이다.

목표수립 원칙
05

자신에게 기대하라

고대 그리스에 피그말리온이라는 조각가가 살고 있었다. 그는 세상에서 가장 아름답고 완벽한 여인상을 조각하기 위해 예쁘다고 소문이 난 여자들을 찾아다녔다. 모델로 삼기 위해서였다. 하지만 어떤 여자도 피그말리온의 성에 차지 않았다. 그가 찾는 이상적인 모델이 아니었던 것이다. 결국 그는 모델 없이 조각을 하기로 결정했다. 현실에는 없는, 자기 머릿속에만 있는 완벽한 아름다움을 창조하기로 한 것이다.

마침내 완성한 조각상은 지상의 어떤 여자와도 비교할 수 없이 아름답고 완벽한 처녀의 모습이었다. 피그말리온은 갈라테이아라고 이름 붙인 자신의 작품에 완전히 빠져버렸고, 그 조각상이 살아 있다고 믿게 되었다. 움직이지 않는 이유는 수줍음을 많이 타기 때문이라고 생각했다. 결국 피그말리온은 자신이 만든 조각상 갈라테이아를 깊이 흠모하게 된 것이다.

그러던 가운데 아프로디테 제전의 날이 다가왔다. 피그말리온은 이 제전에서 자기가 맡은 일을 끝내고 난 후, 제단 앞에서 갈라테이아와 같은 여인을 아내로 점지해 달라고 간절히 빌었다. 제전에 참석해 있던 아프로디테는 피그말리온의 간절함을 알아채고는 그의 소원을 들어주겠다는 표시로 제단의 불길을 세 번이나 위로 솟아오르게 하였다.

소원을 빌고 집으로 돌아온 피그말리온은 자신의 사랑스런 조각상에 입을 맞추었다. 그런데 어찌된 일인지 조각상의 입술에서 온기가 느껴졌다. 깜짝 놀란 피그말리온은 이번에는 조각상의 손을 만져보았다. 그러자 조각상이 피그말리온의 손을 마주 잡는 것이 아닌가.

피그말리온은 감격에 겨워 아프로디테에게 감사의 말을 올렸고, 이 모습을 지켜본 아프로디테는 자신이 맺어준 이 아름다운 연인들에게 한없는 축복을 내렸다. 그 후 피그말리온은 이 여인과 결혼을 하고 파포스라는 딸을 낳게 된다.

이 이야기에서처럼 간절히 원하면 그 기대에 부응해 실제로 이루어지는 경향을 '피그말리온 효과(Pygmalion Effect)'라고 한다. 특히 교육계와 산업계에서는 그 효과를 입증하는 논문들이 속속 출간되었는데, 한 예로 심리학자 로젠탈(T. L. Rosenthal)은 어린 학생들을 대상으로 다음과 같은 실험을 실시해 그 효과를 입증한 바 있다.

어느 초등학교에서 '아이들의 지능향상을 예측할 수 있는 새로운 테스트'라고 선생님에게 설명을 해놓고 검사를 실시했다. 그 후 테스트 결과와는 상관없이 무작위로 20% 정도의 아이를 표본으로 뽑아, "이 아이들은 지적 발달이나 학업성적에서 무한한 발전 가능성을 보입니다"라고 선생님에게 결과보고를 했다. 물론 아이들에게는 결과를 알리지 않았다.

그리고 8개월 후 과거에 했던 것과 똑같은 테스트를 실시하여 지난번 테스트 결과와 비교해보았다. 그랬더니 발달 가능성이 있다고 말한 아이들의 지능이 다른 아이들에 비하여 현저하게 향상되었다는 결과가 나왔다.

이러한 결과는 선생님이 이 20%의 아이들을 지적 발달과 학업성적이 향상되리라는 기대를 가지고 가르치고 칭찬했고, 아이들은 선생님의 관심에 부응해 학습태도가 좋아지고 공부에 대한 관심이 높아져 나타난 것이다.

결국 '기대하면 기대한 만큼 잘하게 된다'는 것이다. 기대하는 만큼 칭찬과 같은 긍정적인 표현을 더 많이 하게 되고, 거기에 자극받은 사람은 그 기대에 부응하기 위해 더욱 노력하게 된다는 것이다.

이런 피그말리온 효과를 자신에게 적용시키는 것이 바로 긍정적인 삶이다. 성공을 간절히 원하면서도 간절히 원하는 성공으로 나아가기보다는 실행하지 못하는 자신을 변명하려는 사람들이 있다. 예를 들면 이런 식이다. "성공하려면 뭔가 하나는 잃어야 한다" 혹은 "성공한 사람치고 사기꾼 아닌 사람이 없다"라고 생각하거나, "나는 청렴하게 살아야지" 혹은 "성공 못 해도 정직해야지"라고 스스로를 위로한다.

성공을 바라면서도 이처럼 성공에 대해 이중의 잣대를 갖고 있는 사람은 의외로 많다. 성공을 위해서는 이런 내면의 이중성을 긍정적인 자기선언으로 극복해야 한다. 자신이 원하는 바와 그를 위해 실행에 나서지 못하고 있는 현재의 자신을 솔직히 인정하고, 스스로의 가능성에 진심을 다해 기대해야 한다.

표면적으로는 성공했지만 마음속으로 성공 자체가 부담스럽고 죄의식을 느낀다면 이 또한 결코 성공했다고 말할 수 없다. 이런 부정적인 인식에서 벗어나 "성공한 사람이야말로 인생의 무한한 기회를 가져다주고 가난한 사람들을 도울 수 있으며 행복한 인생으로의 길을 넓혀주는 사람이다"라는 긍정적인 자기선언을 할 수 있어야 한다.

이런 기대효과나 긍정적인 자기선언은 자신에게 말로 다할 수 없는 힘을 제공한다. 그러므로 항상 긍정적인 마인드를 유지하고, 부정적인 마인드는 과감히 버릴 필요가 있다. 성공 전문 카운슬러들이 하나같이 부정적인 사람들과의 교류를 하지 말 것을 권고하는 것도, 부정적인 사람들과 접촉할 경우 그들의 부정적인 생각에 감염될 것을 우려하기 때문이다. 부정적인 생각은 전염성 강한 바이러스와 같아 누구 한 사람 예외 없이 부정적 사고의 병에 걸리게 만들기 때문이다.

《부자가 되려면 부자에게 점심을 사라》는 책이 있다. 상식적으로 생각하면 가난한 사람이 부자에게 점심을 얻어먹는 게 맞겠지만, 그렇게 해서는 늘 부자에게 밥을 얻어먹는 인생을 면할 수 없게 된다. 자발적으로 그들에게 밥을 사면서까지 가까이 지내며 그들의 모습과 생활을 배우라는 충고가 아닐까 싶다.

그러므로 긍정적 네트워크를 만들어야 한다. 인생의 멘토(인생의 길잡이가 되는 사람)를 두는 일은 필수이다. 당신에게 긍정적인 마인드를 지속적으로 공급해줄 수 있는 멘토가 있는가? 없다면 이제부터라도 반드시 찾아보라.

요즘 한창 이야기되고 있는 코칭을 받는 것도 한 가지 방법이 될 수 있다. 스포츠를 즐기는 것도 긍정적 마인드를 갖는 데 도움이 된다. 적극적인 힘이 필요한 스포츠를 통해서 자기 긍정화를 이룰 수 있기 때문이다.

전문가의 도움 없이 혼자서도 할 수 있다. 자기 자신의 긍정화를 위해 목표를 세우고 그를 실천하는 것이다. 예컨대 이런 것이다. 거울 앞에서 "나는 할 수 있다"라고 외친다. 말로만 할 것이 아니라, 얼굴표정, 제스처, 발동작 등 표면적으로 나타낼 수 있는 동작과 감각을 모두 동원해 표현할수록 그 효과는 더욱 커진다.

목표수립 원칙
06

자신감으로
역경을 이겨라

목표에 도달하기 위한 강력한 힘은 자신감에서 시작된다. 자신감이 없으면 아무것도 이루지 못할 것이요, 자신감이 있다면 이미 목표의 절반은 이룬 것이나 마찬가지다.

성공한 인생이 되기 위해서는 그만큼의 투자가 필요하다. 성공인으로서의 구체적인 목표를 세워야 하고 성공 마인드로 무장해야 한다. 그리고 성공인처럼 살아야 하고 성공인의 결과를 사랑하고 함께해야 한다.

반면 내일로 미루는 습관을 버리고 편안한 오늘과 작별해야 한다. 머뭇거리는 지금 이 순간을 당장 할 일을 찾아 실행하는 순간으로 만들어야 한다. 이처럼 희생과 지출도 감당할 수 있어야 비로소 성공과 반가운 악수를 할 수 있는 것이다.

성공을 위한 투자는 이런 희생에서 비롯된다. 그리고 투자를 성공으로 이끄는 관건이 바로 자신감이다. 성공을 간절히 원한다면 반드시 희생하는 용기와 성공으로 나아가는 자신감을 가져야 한다.

목표로 하는 것을 바로 이룰 수 있다면 얼마나 좋겠는가? 그렇지만 우리 앞에는 성공나무를 흔드는 불청객, 즉 역경의 바람이 버티고 서 있다. 그러나 역경을 만났다고 흔들리거나 뒷걸음친다면 이제까지 애써 쌓아올린 노력이라는 공든 탑까지 무너지고 만다. 공든 탑이 무너지는 경험은 자신감 없는 사람들에게는 극약으로 작용할 수 있다. "나는 역시 안 돼"라며 포기하게 만들거나, 심한 경우 다시 일어서려는 마음조차 앗아가 버릴 수 있다.

뒤로 물러서서는 아무것도 얻을 수 없다. 역경이 닥쳤을 때 이렇게 생각해보자. 역경은 성공의 앞바퀴라고. 역경이 지나간 자리를 따라 성공이 다가오는 것이다. 또 역경을 '실패를 가장한 성공'이라고 생각해보자. 실패 속에 감추어진 성공의 본모습을 보도록 노력해야 한다는 것이다.

찰스 R. 스토너는 《용기의 힘》에서 성공하기 위해서는 반드시 역경을 겪는다는 것을 '역경의 사이클'(The Adversity Cycle)이라는 개념으로 설명하고 있다. 그 내용을 간단히 살펴보면 다음과 같다.

반가운 손님은 아니지만 역경은 언제든지 올 수 있고, 그 다음 동작을 리바운드한다. 그리고 다음 전략을 찾게 만든다. 그러는 사이 사람은 역경에 적응하게 되고 자신이 성장한다는 것을 알아차린다. 그리고 이런 반응들은 다음에 오게 될 도전을 극복하는 자신감의 배양으로 이어진다. 이런 사이클을 연결시켜보면 '목표→역경→통찰력, 노출→적응→성숙→자신감·용기'로 표현될 수 있다는 것이다.

굳이 찰스 R. 스토너의 이론을 빌리지 않더라도 자신감만 있으면 어떤 일도 할 수 있다는 사실은 분명해 보인다. 흔히 실패하고 나면 실패한 사실에만 집착해 감정적인 상처를 입는 경우가 많다. 그러나 그때가 바로 진짜 실패를 하게 되는 때인 것이다. 감정에 휘둘리지 않고 사태를 냉정하게 바라보면 실패를 통해 매우 많은 것을 배우게 된다. 그렇다면 실패는 성공으로 가기 위한 지름길도 될 수 있는 것이다.

목표를 세우고 나아가는 여정에 왜 방해세력이 없겠는가? 곳곳에 암초투성이다. 그러나 목표를 인식하는 것에서부터 강력하게 무장한다면 방해세력에 굴하지 않고 얼마든지 목표를 향해 돌진할 수 있다.

그리고 하나의 목표를 달성하면 더욱 자신감이 생겨 목표를 향한 발걸음에 좀 더 박차를 가하게 된다. 한 가지는 또 다른 한 가지를, 그리고 처음에는 '겨우 이 정도?'가 나중에는 감당할 수 없을 만큼의 성공으로 되돌아온다.

이자를 계산하는 방법에는 단리법과 복리법이 있다. 단리가 단순히 원금에 대한 이자 계산이라면 복리는 이자에 이자가 붙는 계산법으로, 처음에는 그 차이가 미미하지만 나중에는 하늘과 땅만큼 벌어지게 된다.

바로 이런 성공을 이루기 위해서 통과해야 하는 것이 역경이고 두려움이다. 현실은 정리하면 되고, 아직 오지 않은 미래를 미리 당겨 두려워할 필요는 전혀 없다. 지금 필요한 것은 현실을 자신감 있게 대처하는 것이고, 그러면 누구나 성공할 수 있다.

그렇다면 자신감은 어떻게 얻을 수 있을까? 자신감은 성공경험에서 비롯된다. 성공을 위해서는 우선 도전을 해야 한다. 비록 실패하더라도 다시 도전해 성공하는 경험을 쌓는 것이 중요하다. 목표를 세우고 실행하는 힘, 실패가 와도 두려워하거나 감정에 휩쓸리지 않는 용기가 절망에 빠진 자신을 구원하고 불안한 미래에 대비하는 지혜로운 승자의 길로 이끈다.

성공 멘토와 실패를 극복한 자신이 있고, 거기에 많은 사건과 사고로부터 얻은 지혜가 더해진다면 실패를 원한다고 해도 결코 실패하지 않는 사람이 될 것이다.

목표수립 원칙
07

초점을 맞추어
전심전력하라

목표수립 원칙4에서 자신이 설정한 방향을 잃지 않고 목표로 나아가기 위한 목표관리의 두 가지 전제조건으로서 '초점 맞추기'에 대해 언급한 바 있다. 비슷한 맥락이기는 하지만 여기에서는 좀 더 구체적으로 '초점 맞추기'에 대해 알아보고자 한다. 목표를 설정하고 전심전력을 다해 목표를 이루기 위해서 반드시 필요한 것이 초점 맞추기이기 때문이다.

초점 맞추기를 위해서는 우선 자신이 원하는 바를 시각화하는 것이 필요하다. 인간의 두뇌는 시각화된 내용을 기억하고 실행하도록 구조화되어 있다. 따라서 인간은 두뇌에 저장되어 있는 시각화된 정보대로 자신을 몰고 간다.

'초점 맞추기'의 또 다른 관점은 목표에 대한 전념이다. 현대인들의 삶은 한마디로 '선택과 집중'으로 점철되어 있다. 모든 것을 다 하다는 것은 불가능에 가까운 일이다. 따라서 부득불 선택을 해야 하며, 그 선택한 사항에 대해서는 완전 몰입과 전념을 해야만 목표를 성취할 수 있는 것이다.

우선 목표를 생생하게 시각화하는 방법에 대해 알아보자.

내가 하고 싶은 것, 이루고 싶은 것, 되고 싶은 것이 있다면 막연히 생각만 하지 말고, 그것을 성취했을 때의 모습을 구체적으로 이미지화해서 간직해야 한다. 그리고 좌절감이 느껴지거나 실패가 닥쳐도 그 이미지를 잊어버리지 않도록 주기적으로 상기한다.

무엇보다 먼저 목표로 하는 분야에서 성공했을 때의 모습을 상상하라. 그리고 그 모습이 지워지지 않도록 이미지를 만들어서 반복해서 떠올리거나, 그림이나 글로 표현해 걸어놓거나, 소리로 녹음해 늘 들리게 하는 것이다.

보통 사람들은 대화 후 상대방의 말 가운데 7%만 기억하고, 나머지 93%는 주로 오감(시각, 청각, 후각, 미각, 촉각)을 통해 이야기를 받아들인다고 한다. 그러므로 말만으로 다른 사람들에게 자신의 의사를 충분히 전달했다고 믿는 것은 전혀 근거 없는 믿음인 셈이다.

사람을 처음 만났을 때 느끼는 것을 첫인상이라고 한다. 그런데 사람들은 첫인상을 통해서 상대방에 대해 판단을 내리곤 한다. 그리고 웬만해서는 그 판단을 바꾸려고 하지 않는다. 보통 첫인상을 결정짓는 데 걸리는 시간은 30초에 지나지 않으며, 그 중의 85%는 변하지 않는다고 한다. 이것 역시 우리 인간이 말과 생각보다는 느낌이나 이미지에 더 큰 영향을 받는다는 것을 의미한다.

재물이나 학력, 경험보다는 현재 가지고 있는 '미래의 자기 이미지'가 훨씬 더 많은 영향력을 미치는 것 역시 같은 맥락으로 이해할 수 있다. 겉으로 드러나는 어떤 모습보다도 스스로 느끼고 있는 자아의 이미지나 앞으로 성취해 나갈 모습에 대해 얼마나 긍정적인 이미지를 가지고 있느냐가 더 강한 성공요인으로 작용하는 것이다.

미국의 백만장자가 가운데 부자들을 코칭해 더 큰 부자로 만들어주는 일을 하는 랜디 게이지라는 사람이 있다. 그는 10대에 마약 복용, 고등학교 중퇴, 청소년 보호소에서의 수감생활 등 별로 화려하지 못한 과거가 있는 사람이다. 30세가 될 때까지 그가 겪었던 바닥인생은 너무도 비참했다.

그랬던 그가 지금은 백만장자가 되었고 부자들을 코칭하는 인물이 되었다. 어찌된 일인가? 그가 쓴 《행복한 부자 마인드로 프로그래밍하라》에서 그의 성공비결을 훔쳐보자.

가령 기타를 배우려고 한다고 해보자. 그는 그런 경우 음악잡지에서 유명한 기타리스트의 사진을 떼어내 도화지에 붙일 것을 권한다. 기타 사진만으로는 충분하지 않고 목표로 삼는 정확한 모델을 찾아내라는 얘기다. 베스트셀러를 내고 싶다면 세계적인 서점인 아마존이나 〈뉴욕 타임스〉의 베스트셀러 목록을 잘라내 1위인 책의 제목을 화이트로 지우고 자신이 생각하는 자신의 책 제목을 써 넣는 것도 한 가지 방법이 될 수 있다.

그는 이렇게 성공을 위해 자신의 '꿈판'을 작성할 것을 권한다. 자신이 이루고 싶은 목표를 이미지화하는 방법으로 꿈판을 생각해낸 것이다. 이런 방법으로 자신이 원하는 바를 이미지화해서 꿈판에 새기고 모든 역량을 집중할 때 놀라운 일이 일어나는 것이다.

꿈판을 작성하여 성공한 사람 중 대표적인 인물이 바로 골프황제 타이거 우즈다. 그는 명확한 꿈판을 만들어놓고 어릴 때부터 골프로 성공하고자 노력해왔다. 그에게도 역경은 있었다. 아홉 살 때 그동안 해오던 골프를 그만두려는 생각을 하였다. 그러나 아버지와 의논한 끝에 생각을 바꾸어 예전보다 더욱 열심히 훈련에 몰두하였다.

그 과정에서 그는 벽에 수시로 볼 수 있도록 그랜드플랜을 붙여놓았다. 거기에는 그동안 수집한 많은 사진과 통계치들을 근거로 하여 만든 시간표도 포함되어 있었다. 그 시간표에는 당시 자신의 우상이었던 잭 니콜라우스가 20년 동안 이뤄온 기록에다 앞으로 자신이 달성해야 할 목표치들을 나열하였다. 그동안 니콜라우스가 수립했던 각종 메이저 대회에서의 우승 경력, 수상 경력, 그리고 새로이 수립한 기록들을 써넣었고, 그 아래에는 앞으로 자신이 목표로 하는 예상기록들을 기록해놓은 것이다. 그리고 소년 타이거 우즈는 불과 9세 때 이미 니콜라우스의 초창기 기록 중의 일부를 깼다.

하지만 그의 꿈은 궁극적으로 니콜라우스를 뛰어넘는 최고의 골프선수가 되는 것이었다. 그는 꿈을 달성하기 위해서 대선배가 세웠던 각종 기록들을 더 빠른 기간 안에, 그리고 더 어린 나이에 달성하기 위한 그랜드플랜을 수립하고, 그것을 벽에 붙여놓았던 것이다. 타이거 우즈의 경우만 보더라도 실로 꿈판의 능력은 대단하다.

재벌이 되는 게 꿈이라면 재벌리스트를 출력해 원하는 순위에 자신의 이름을 써넣어 계속 이미지화하라. 그리고 자신의 오감에 가급적 자주 노출시켜라. 부자가 되고 싶다면 세금을 가장 많이 내는 사람의 기사나 방송, 기타 이미지를 나타내는 부분을 자신의 오감에 적극 노출시키는 것이다. 공부면 공부, 취직이면 취직, 연애면 연애, 무엇이든 상관없다. 인생의 모든 부분에서 이런 노력을 기울여라. 꿈판을 통해 자신에게 숨겨진 천부적인 능력을 얼마든지 일깨울 수 있다.

목표가 무엇인가? 그 목표를 이루기 위한 정신적인 이미지는 어떤 것인가? 자신의 영혼을 사로잡을 만큼 강렬한 이미지가 없다면 그 목표가 이루어질 가능성은 그만큼 희박하다. 그러므로 목표가 아주 매력적인 모델로서 구체적인 형태를 가질 수 있도록 하라.

그럼 이제 '초점 맞추기'의 또 다른 관점인 목표에 대한 전념에 대해 이야기해보자.

목표를 세웠다면 행동으로 옮기는 데 전심전력을 다해야 한다. 전념하는 데 강력한 동기를 마련하는 것 중 하나는 책임감이다. 성취동기가 높은 사람들의 특징 가운데 하나는 책임감이 분명하다는 것이다. 분명한 책임감을 가진 사람일수록 일에 집중하는 힘이 강하다.

조직에서는 흔히 구성원들 사이에 팀워크라는 명분하에 책임을 떠넘기려는 일이 적지 않게 일어난다. 조직관리라는 이름으로 조직 내에서든 밖에서든 떠넘기려고 하기보다는 스스로 책임을 지려고 노력하라. 내 인생의 운전자는 바로 나 자신이 아닌가.

변명이나 책임전가를 하지 말아야 하는 이유는 분명하다. 그런 행동들을 하다 보면 자신이 원하는 바를 이루는 길과 점점 멀어지기 때문이다. 책임을 회피하거나 전가해서는 전념하는 것 역시 불가능하다는 얘기다. 갈라서서는 시너지나 합일의 힘을 가질 수 없다.

물론 과도한 책임의식은 목표를 성취하는 데 방해요소가 될 위험도 있다. 그러나 적절히 조화된 책임감은 놀라운 능력을 발휘한다는 것은 불변의 진리이다. 바로 집중의 힘을 선사하기 때문이다.

적절한 책임감이란 자신의 신념과 가치에 부합될 때 발현된다. 남에게 해 끼치는 것을 신념으로 삼고 가치로 여기는 사람은 없다. 자신의 신념과 가치를 '악'으로 규정하는 사람은 없을 것이다. 그리고 대부분의 사람들은 자신의 신념과 가치와 일맥상통하는 바를 목표로 삼고, 거기에서 비롯된 미래를 꿈꾼다. 그런데도 많은 사람들이 자신의 신념과 가치에 반하는 삶을 살아감으로써 집중력을 발휘하지 못하고, 전념하지 못함으로써 원하는 것을 얻지 못한다.

많은 사람들이 바라는 부자가 아닌 가난해짐으로써 강인한 인생을 사는 사람들도 얼마든지 있다. 그들의 삶의 가치는 분명하다. 마더 테레사를 보라. 그는 가난을 신념으로 삼았고 그 신념대로 살았다. 그리고 스스로 가난해졌지만 빛나는 인생이 되었다. 테레사와 같이 성인으로서의 길을 가고 싶은 경우라면 예외로 하자.

보통 사람들은 부자가 되고 싶어 한다. 그런데도 마음으로부터 부자를 거부하는 경향이 있다. 이는 부자에 대한 가치나 신념이 부족하기 때문이며, 그래서 내면적으로 부자들을 멸시하기까지 한다. 스스로 부자이기를 거부하는 신념이 있는데, 어찌 부자가 될 수 있겠는가? 성공에 대한 가치도 이와 다르지 않다. 성공에 대한 부정적인 시각으로 가득 차서 그것을 부정하는 마인드에는 어떤 성공도 자리할 수 없다.

흔히 386(최근에는 486)세대라 부르는 지금의 40대 중에는 젊은 시절 독재정권에 대한 반감으로 성공에 대한 부정적인 이미지를 가지고 성장한 사람이 많다. 그들은 어려운 집안 살림에도 불구하고 자식을 대학 공부시키려 했던 보통의 부모들 아래서 자랐지만, 부모 슬하를 떠나 대학에 가면서 당시 우리 사회가 안고 있는 당면과제인 민주화에 눈을 뜬 것이다. 게다가 민주화를 이루지 못해 비롯된 많은 문제들이 빈익빈 부익부 현상과 맞물려 나타났고, 성공한 강자와 그렇지 못한 약자 간의 대립 양상으로 드러났다. 이 때문에 386세대 가운데 연일 데모에 참여해 감옥 살이를 한 이도 많았다. 1970~80년대에는 너무도 많은 이 땅의 젊은이들이 이런 길을 걸었다.

이런 시대적인 배경에서 신념에 대한 혼란을 겪은 일부 386세대들은 어느 정도 민주화가 이루어진 지금에 와서도 성공에 대해 부정적인 시각을 갖고 있다. 386세대뿐만 아니다. 개인적인 여러 이유

(부모나 개인적인 환경 등)로 성공에 대해 부정적인 이미지를 가진 사람들은 얼마든지 있을 수 있다.

그러나 긍정적 이미지와 마찬가지로 부정적인 이미지 역시 우리에게 미치는 영향은 매우 크다. 부정적 이미지는 매사 부정적인 사람으로 만든다. 하지만 누구도 방해할 수 없고 방해받지 않는 자신만의 숭고한 인생을 살아가기 위해서는 우선 긍정적인 마인드를 갖는 것이 중요하다.

우리에게는 성공한 사람들이 부도덕하고 정경유착의 고리에서 춤을 추었던 과거가 있다. 그래서 그들이 싫었고, 그들이 가지고 있는 명예나 권세, 돈과 정치, 그리고 그들에게 따라붙는 '성공'이란 단어에도 거부감을 느꼈던 것이다. 그래서 결국 어떻게 되었는가? 경제적으로 엄청난 부를 이루지도 못했고 사회적으로 커다란 명예를 날리고 있는 것도 아니다. 그것이 나쁜 것이라는 신념이 그렇게 하지 못하도록 꽁꽁 묶어놓고 있었기 때문이다.

비판해야 할 일은 비판해야 한다. 잘잘못 역시 가려야 한다. 하지만 성공을 거부할 이유는 없다. 오히려 긍정적인 신념과 의지에 따라 긍정적인 성공을 목표로 해야 한다. 바람직한 목표설정은 이미 당신이 성공으로 다가가고 있음을 드러낼 만큼 중요하다.

그리고 목표를 이루기 위해서 힘과 초점을 맞추어야 한다. 힘을 얻기 위해서는 앞에서 이미 언급한 대로, 잘 정리된 명확한 목표, 그리고 부정적인 생각을 버리고 긍정적인 사고로 무장하기, 그리고 자신감을 기르는 것이 필요하다.

목표수립 원칙
08

동기부여에 의존하지 말고 의지력을 키워라

의지란 '목적이 뚜렷한' 생각이나 뜻을 말한다. 의지를 관철(貫徹)시킨다는 것은 사물을 깊이 생각해 선택하고 판단하여 실행하려는 적극적인 마음가짐이라 할 수 있다. 결국 좋은 결과나 성과를 내기 위해서 그 일에 전념하는 마음가짐이 필요한데, 이 마음가짐을 꿋꿋하게 이어나가는 힘이 바로 의지력이다.

벼랑 끝에 섰을 때와 같이 더 이상 퇴로가 없을 때 전력할 수밖에 없듯이, 유일한 대안인 일을 할 때 에너지가 발휘된다. 할 수 있는 일이라고는 오직 앞에 놓인 그 일 하나뿐임을 인식하고 그것에 전력해 목표를 이루게 만드는 에너지가 바로 의지력인 것이다.

그렇기 때문에 의지력이 있는 사람은 단순히 동기부여를 받은 사람과는 다르다. 동기부여 역시 실행하는 데 많은 도움이 된다. 하지만 궁극적으로 외부에서 주어지는 동기부여에는 한계가 있다. 그래서 내부에서 힘을 발휘하는 의지력이 필요한 것이다. 그럼 구체적으로 단순히 동기부여된 상태에서 성공을 꿈꾸는 사람과 강한 의지력을 갖고 성공으로 나아가는 사람들이 어떻게 다른지 살펴보자.

다음은 동기부여에 의해 성공을 꿈꾸는 사람들에게서 나타나는 특징이다.

첫째, 성공하기 위한 여러 대안을 자주 꼼꼼하게 따져본다.
둘째, 길을 정해 나아가다가도 뭔가 다른 방법으로 성공할 수 있다는 생각이 들면 그 즉시 방법을 바꿔 그동안의 노력이 수포로 돌아가게 만든다.
셋째, 이루고자 하는 목표에 대한 스케치가 명확하지 않다.
넷째, 강력한 장애물을 만나면 쉽게 다른 방법을 찾으려 하고 성공하기 위한 실천을 포기할 가능성이 높다.
다섯째, 목표를 쉽게 변경하려 한다.

이와는 달리 의지력이 강한 상태에서 성공을 꿈꾸는 사람들은 다음과 같은 특징을 보인다.

첫 번째, 성공하기 위해서는 어때야 한다는 주변 논쟁에 아랑곳하지 않고 자기 스타일대로 노력을 멈추지 않는다.
두 번째, 성공하기 위한 계획과 마음의 다짐을 항상 최우선으로 생각하며 살아간다.

세 번째, 계획을 실천으로 옮기며, 자신이 실행한 것에 고무되어 더욱 열정을 발휘한다.

네 번째, 목표로 하는 것의 초점이 분명해 다른 어떤 것의 방해도 받지 않는다.

다섯 번째, 자신이 세운 목표와 실행에 대해서는 어떤 의심도 품지 않는다.

여섯 번째, 누구든 목표와 실행에 대해 물어오면 그 의미와 가치에 대해 확실하게 설명할 수 있다.

일곱 번째, 목표를 향해 실행하는 가운데 장애물을 만나면 오히려 결심이 더욱 단단해진다.

여덟 번째, 기필코 성공하겠다는 믿음을 공고히 하고 목표에 대한 시각화와 체감화를 수시로 점검한다.

아홉 번째, 주변사람들이 반발하여도 그들을 설득할 수 있고, 경우에 따라서는 무시할 수 있다.

열 번째, '다음 기회에……'라는 말에 절대 현혹되는 일이 없으며, 포기는 상상조차 하지 않는다.

이제 자신이 어떤 상태인지 판단해보자. 위에서 설명한 특징을 토대로 자신이 단순히 동기부여된 상태인지 강한 의지력을 키워 실천하고 있는지 판단할 수 있을 것이다.

한 조사기관의 조사결과에 따르면 우리 중에 10%만이 의지력을 가지고 목표를 향해 나아가고 있고, 나머지 90%는 단순히 동기부여만으로 살아간다고 한다. 한순간, 다시 말하면 누가 이렇게 해서 목표를 달성하였다는 경험담을 듣거나, 책을 읽거나, 가까운 사람(친척이나 친구 등)들의 성공담을 들으면 순간적으로 동기부여를 받아 잠시 흥분했다가 고무줄처럼 다시 원래의 모습으로 돌아오는 것이다. 이것이 바로 의지력이 없는 단순 동기부여를 받은 사람들의 모습이다.

의지력을 가져라. 의지력을 갖고 자신의 유일한 대안인 목표를 향해 철저히 몰입하는 사람들만이 원하는 타이틀을 차지하는 영예를 얻게 된다. 성공도 할 수 있고 성취도 할 수 있고, 부자도 될 수 있다. 더 이상 환경이나 가진 것, 배경을 탓하지 마라. 오히려 그 시간에 자신의 의지력을 다시 한 번 점검해보라. 그리고 의지력을 향상시켜라.

의지력 또한 노력을 기울여야 향상시킬 수 있다. 효율적이고 바람직한 방법을 택해 부단한 노력을 기울여야 진정 원하는 의지력이 생길 것이다. 그 방법은 바로 다음에 알아볼 '목표수립 원칙9'에서 알아보기로 하자.

목표수립 원칙
09
자아 이미지에 맞는 목표를 세우고 관리하라

현대의 성공학을 한 차원 더 발전시킨 인물로 평가받는 맥스웰 몰츠는 성형외과 의사로서 수많은 환자들과 상담한 결과, 왜곡된 자아 이미지야말로 인간의 능력을 제한하는 원인임을 밝혀냈다. 왜곡된 자아 이미지는 자신과 스스로의 능력에 대해 끊임없이 불신하고 한계를 긋고, 심지어 스스로에게 '나는 못 해' 혹은 '나는 할 수 없어' 또 '나는 실패한 거야'라고 하면서 파멸을 향해 나아가게 한다는 것이다.

그러므로 단순한 목표가 아닌 자신의 자아 이미지에 부합하는 명료한 목표를 세우는 것이 원하는 바를 훨씬 더 효과적으로, 그리고 빠른 시간 안에 이루도록 해준다. 인간에게 있어서 성공이란 동식물의 생존본능과 같이 지극히 자연스러운 생명력의 표현이라 할 수 있다. 따라서 자아 이미지에 부합하는 목표를 설정해야만 쉽고도 자연스럽게 성공으로 다가갈 수 있는 것이다.

자아 이미지는 쓰레기통을 뒤지고 있는데, 목표는 백만장자라면 과연 그 목표가 이루어질 수 있겠는가? 반면 자신의 자아 이미지가 백만장자이고 목표 역시 백만장자라면 음식을 먹을 때 숟가락과 젓가락을 사용하듯이 자연스럽게 목표를 성취할 수 있는 것이다.

이렇듯이 자아 이미지와 맞는 목표와 그에 맞는 성공전략이 필요하다. 자신의 자아 이미지가 절약이라면 절약을 통해서 성공의 길로, 투자가 자아 이미지라면 투자로 성공을, 자아 이미지가 개성이라면 독특한 개성으로 성공을 이루어야 한다는 것이다.

이렇게 목표를 세울 때 자신의 자아 이미지를 사용한다면 훨씬 효과적으로 의지력을 향상시킬 수 있다. 자신에게 맞는 것을 실행할 때야말로 지치거나 좌절하지 않고 열심히 하지 않겠는가?

목표를 세웠다면, 이제 당신은 돌아올 수 없는 강을 건넜다고 생각하라. 다른 방법은 없다. 이미 많은 정보를 연구·분석한 끝에 시작한 일이다. 시각화하는 작업을 거쳤고 장·단기적인 목표도 있다. 목표와 초점이 분명해진 것이다.

그렇다면 이제 모든 능력을 쏟아붓는 일만 남았다. 조금도 아낌없이. 이것은 선택 가능한 여러 변수들을 제거하였다는 의미이기도 하다. 물론 한꺼번에 모든 것이 정리된 것이 아니라 앞으로도 계속해서 정리해 나갈 것들이 닥칠 것이다. 이는 올인하기 위해서 맞닥뜨리는 자연스러운 현상이다. 어떤 때는 한순간에 해결되기도 하지만, 어떤 때는 여러 번의 시행착오 과정을 거치게 된다.

그러나 결정적인 것은 모든 것을 쏟아붓는 그때, 즉 전념할 때 일어난다. 올인이란 다시 말해 전념을 말하는 것이다. 여러 대안을 가지고 끊임없이 서성인다면, 성공 또한 멀리서 당신을 재며 요모조모 따지고 있을 것이다.

그러나 전념한다는 것은 이미 다른 대안과 방법을 버렸다는 것을 뜻하므로 의지력을 최고조로 높이는 방아쇠가 되는 것이다. 우리의 자아 이미지는 아무런 대안 없이 하나에 전념할 때 그것을 따르게 된다.

의식과 통제 역시 목표를 관리하는 방법이다. 의식은 자신과 관련된 것이며, 통제는 주변 환경에 대한 정비이다. 이 두 가지를 병행해야만 의지력이 향상되고 정확히 목표를 향해 나아갈 수 있다.

이를 위해 의식적으로 긍정적인 감정을 수시로 자극해야 한다. 목표를 이미지화해서 활용하고 목표를 위한 삶의 에너지가 효과적으로 배분되도록 해야 한다는 것이다. 또한 주변 방해세력에 대해서는 자신감 있게 맞서야 한다.

의식과 통제가 효율적으로 이루어진다면 의지력은 한 단계 상승하여 성공이 그만큼 더 다가오게 된다. 이 정도가 되면 성공에 대한 확신과 함께 미소가 지어질 것이다. 목표실행에 흥미가 생기고 방해세력은 서서히 친위대로 바뀔 조짐을 보이기 시작한다.

자신에 대한 다른 사람들의 평가가 달라지고 몇몇은 기웃거리면서 훔쳐보기까지 할 것이다. 적극적인 사람들이라면 과감하게 찾아와서 어떻게 변화할 수 있었는지에 대해 묻기도 한다. 그리고 그 비결을 가르쳐달라고 청하고 기꺼이 배우려고 할 것이다.

그러나 아직은 아니다. 자신의 목표를 보호하고 지켜야 한다. 완전히 성공했다고 모두가 인정할 정도가 되기까지는 절대 샴페인을 터뜨려서는 안 된다.

목표수립 원칙
10

감정과 목표를
일치시켜라

기원전 49년 1월 10일 갈리아의 장관 카이사르는 "주사위는 던져졌다"라고 외치며 군대를 이끌고 루비콘 강을 건넜다. 루비콘 강은 이탈리아 북부에서 아드리아 해로 흐르는 강으로, 고대 로마에서는 이 강을 건너는 모든 군사는 무장을 해제하도록 되어 있었다. 그러나 카이사르는 이 법을 어기고 군대를 이끈 채 루비콘 강을 건너 폼페이우스에게 전쟁을 선포했던 것이다.

'루비콘 강을 건넌다'는 말이 여기에서 유래되었다. 이처럼 중대한 결단을 내리고 어떤 사태에 대처하는 순간은 누구에게나 찾아올 수 있다. 결단과 선택하는 일은 무서우리만큼 아리고 시리다. 루비콘 강을 앞둔 상황이라면 다음과 같은 혼돈을 겪게 된다.

첫째, 감정이 여러 곳으로 분산된다. 별의별 생각이 뒤섞여서 들이닥친다. 과거에서 현재로, 현재에서 미래로 왔다 갔다 하면서 극도로 혼란스런 상황이 연출된다.

둘째, 불확실성으로 인해 엄청난 내적 혼란을 겪는다.

셋째, 결정을 내려야 하는 시점이 정해져 있기 때문에 시간적인 압박감에 노출된다. 시간이 흘러갈수록 초조함은 절정에 다다라 이성적인 판단에 방해요인이 된다.

넷째, 평소에는 확실하다고 여겼던 것조차 확신하지 못하게 된다. 다시 한 번 더 의심을 통해 확신을 얻고자 해도 시원한 대답을 얻지 못한다.

다섯째, 합리성과 올바른 것 사이의 갈등이 증폭되어 결정이 더욱 어려워진다.

변화는 두려운 것이다. 개혁하고자 할 때 가장 큰 장애물은 저항이다. 두렵기 때문에 저항하는 것이다. 그동안 해왔던 방식과 습관은 다소 불편한 것이 있었다 하더라도 안정감을 주기 때문에 감수할 만하고 참을 만하다고 생각한다. 이것은 마음속에 변화를 두려워하는 감정이 있기 때문이다. 그래서 말로는 이대로는 안 되고 변해야 한다고 주장한다 하더라도 정작 결정의 순간이 닥쳐오면 겁이 나고 선택을 주저할 수밖에 없는 것이다.

이런 순간에 가장 중요한 것은 무엇일까? 루비콘 강을 건너야 하는 절체절명의 순간, 세운 목표로 인해서 반전이 일어나는 이 순간, 목표와 감정을 일치시킬 수는 없는 것일까? 목표는 행동을 수반하고 행동은 감정에 의해 탄력을 받는다는 사실에서 중요한 공식이 만들어진다. 바로, '목표의식을 가지고 행동하고, 행동할 수 있는 능력을 창출하기 위해서는 목표에 대한 감정과 생각을 일치시켜야 한다'는 것이다.

이것은 목표의식을 갖고 감정과 목표를 일치시키기 위한 일종의 자기암시이다. 자기암시 이론을 체계화한 인물로 에밀 쿠에(Emile Coue)가 있다. 프랑스의 약사였던 그는 자신의 환자를 통해서 플라시보 효과(위약효과)를 확인하게 되었고, 이를 더욱 발전시켜서 자신만의 암시요법을 창안하게 되었다.

그는 자기암시를 '인간의 정신과 육체에 미치는 상상력의 영향'이라고 정의하였다. 그리고 20년간의 임상실험 끝에 자기암시의 원리에 대해 이렇게 결론을 내렸다.

첫째, 의지와 상상이 부딪칠 경우 예외 없이 상상이 승리한다.

둘째, 의지와 상상이 부딪치면 상상의 힘은 '의지의 제곱'에 비례한다.

셋째, 의지와 상상이 서로 동의할 경우, 그 힘은 단순히 더해지는 것이 아니라 곱해진 만큼 커진다.

넷째, 상상은 마음먹은 대로 움직인다.

자기암시 이론에 전적으로 동의할 수는 없지만, 부정할 수 없는 한 가지 사실은 자기암시가 필요한 시기는 분명 있다는 것이다. 목표를 세우고 그것을 성취하기 위해 노력하는 과정에서는 누구나 반드시 루비콘 강을 건너야 하는 상황을 만나게 된다. 이때처럼 외로울 때도 없을 것이다. 그 앞에서 견디며 선택해야 할 때 가장 필요한 것은 자신의 목표를 전적으로 믿고 지원하는 감정이다. 목표와 감정을 일치시켜야 한다는 것이다. 이때 자기암시는 많은 도움이 된다.

목표와 감정을 일치시키면 스스로의 잠재의식에 감정적인 의미전달을 할 수 있게 된다. '성공하고 싶다'고 생각하면서도 마음 한구석에는 '꼭 이렇게 해서라도 성공해야 되는가?'와 같은 감정이 생긴다면 성공은 자신에게서 멀어져갈 것이 당연하다. 성공을 위한 잠재의식을 자극하기 위해서는 평소 다음과 같은 습관을 들이도록 하자.

첫째, 조용한 장소에서 눈을 감고 자신이 이루고자 하는 목표, 경제적인 부, 목표 성취시기, 성취방법 등을 생각하고 기록해놓는다. 그리고 스스로 해야 하는 일, 치러야 하는 대가 등에 대해서도 기록해놓은 다음 큰 소리로 읽는다.

둘째, 반드시 그렇게 될 것이라는 신념을 가지고 위의 목표를 잠재의식이 반드시 도와줄 것이라는 기대감을 갖는다.

셋째, 기록한 내용을 하루에 두 번 이상 정기적으로 읽는다.

넷째, 아예 암기해도 좋고 잘 보이는 곳에 붙여두거나 지갑 등에 넣어 늘 가지고 다닌다.

다섯째, 자신의 감정, 즉 말소리나 제스처, 얼굴표정 등을 총동원해 감정을 실어 읽는다.

여섯째, 어색하고 무의미한 일로 여겨질 수도 있으나 반복하여 내용을 읽고 상기하고 외울수록 성공에 가까이 갈 수 있다는 사실을 잊지 않는다.

한 가지 덧붙이고 싶은 것은, 목표 속에 중단규칙도 포함시키라는 것이다. 중단규칙이 없으면 실패가 명백한데도 계속 나아가는 어리석음을 범하게 된다. 심한 경우 목표에 대한 애착과 고집 때문에 이미 끝난 상황인데도 미련을 버리지 못한 채 과거를 회상하며 살아가는 우를 범하기도 한다.

그러므로 어디서 멈춰야 할지는 처음 목표를 세울 때 함께 생각해야 하는 일이다. 중단규칙 역시 목표 가운데 하나여야 한다는 것이다. 예를 들어, 주식투자할 때 초보자들이 가장 많이 하는 실수가 '손절매'를 하지 못하는 것이다. 주식가격이 떨어졌을 때 손실이 아까워 차마 팔지 못하고 버티다 보면 결국에는 더 큰 손실을 입고 만다. 따라서 주식투자 계획을 세울 때는 더 이상 보유하지 않고 어느 시점에서 손해를 보더라도 팔겠다는 손절매 계획을 반드시 포함시켜야 한다.

목표수립 원칙
11

긍정적인 감정을 동원하라

한 조사결과에 따르면, 인간은 뭔가를 바라볼 때 긍정적인 감정 30%, 그리고 나머지 70%의 부정적인 감정을 갖는다고 한다. 사물을 받아들일 때 긍정적이기보다는 부정적으로 보는 경향이 그만큼 강하다는 것이다. 따라서 긍정적인 시각을 갖기 위해서는 의식적인 노력이 필요하다.

특히 인간관계에 주의를 기울여야 하는 까닭이 여기에 있다. 매일 부정적인 말을 하고 잘못된 행동을 하는 사람과 어울린다면 어떻게 되겠는가? 향기 좋은 것을 싼 종이에서는 향내가 나고 생선을 싼 종이에서는 비린내가 나는 것은 당연하다. 하루 종일 부정적인 기운을 내뿜는 사람이 나에게 긍정적 에너지원이 되기를 바랄 수는 없다. 혹시 당신이 백년에 한 명 나올까 말까 하는 타고난 긍정주의자가 아닌 다음에야 절대 불가능한 일이다.

그러므로 상대가 특히 부정적인 기운이 강한 사람이고 당신이 노력을 기울여 변모시켜야 할 대상이 아니라면, 일정한 거리를 둘 필요가 있다. 그것이 당신이 성공하는 길이며, 그 부정적 감정을 가진 친구를 긍정적 감정의 소유자로 바꿀 기회를 제공하는 길이다.

일단 목표에 대한 부정적인 감정에 휩싸이게 되면 그 목표는 치명타를 입는다. 목표를 세워놓고도 계획 자체에 대해 회의적인 생각을 하게 되면, 목표달성은커녕 '나는 할 수 없다'는 더 높은 차원의 부정적 감정을 보너스로 얻게 되는 것이다. 이런 상황이 몇 번 반복되면 결국 성공은 남의 일이 되어버리고 만다.

그러므로 목표를 세울 때나 세운 후에는 의도적으로라도 항상 긍정적인 감정을 동원해야 한다. 그래야 자기 감정의 성원에 힘입어 어떤 목표든 달성할 수 있는 힘이 생긴다. 긍정적인 감정을 동원하는 한 방법은 자기 자신에게 생산적인 말을 해주는 것이다. 구체적인 방법은 다음과 같다.

첫째, 실패한 것이 아니라 교훈을 얻었다고 생각한다.
둘째, 상대방에게 거절당한 게 아니라 오해받은 것으로 생각한다.
셋째, 자신이 어리석은 것이 아니라 조금 부족하다고 생각한다.
넷째, 초조하다고 느낄 때는 뭔가에 자극받은 것으로 생각한다.
다섯째, 싫어한다는 말 대신에 다른 것을 더 좋아한다고 말한다.
여섯째, 상처받았다고 느낄 때는 스스로 자신을 괴롭히고 있는 것이라고 생각한다.

일곱째, 두려움을 느낄 때는 새로운 것에 대한 호기심이 생긴 것이라고 생각한다.

여덟째, 외로움을 느낄 때는 일시적으로 혼자 있는 것이라고 생각한다.

원효대사의 이야기를 잘 알고 있을 것이다. 그의 나이 45세 때, 의상대사와 함께 불법을 구하러 당나라로 가던 중에 깨달음을 얻은 이야기다.

깊은 밤 숲길을 가던 두 사람이 잠자리를 찾고 있는데, 갑자기 큰 비가 내렸다. 마침 오래된 토광을 발견하고는 더듬거리며 안으로 들어갔고, 여행길에 지친 두 사람은 곧 깊은 잠에 빠진다. 새벽녘, 잠결에 타는 듯한 갈증을 느낀 원효는 어둠 속을 더듬어 손에 잡히는 바가지의 물을 단숨에 들이켰다. 그런데 그 물이 얼마나 시원한지, 힘든 여행길에 쌓인 피로와 허기와 갈증을 일순간에 씻어주는 듯했다. 원효는 행복감에 젖어 다시 잠이 든다.

하지만 날이 밝아 눈을 떴을 때, 원효는 자신이 누워 있던 자리 주변에 널려 있는 사람의 뼈 같은 것들과 물기가 채 마르지 않은 해골바가지 하나를 발견한다. 지난밤 그토록 시원했던 물이 사실은 해골바가지에 담긴 썩은 물이라는 것을 알게 된 것이다.

해골바가지에 담긴 물을 보며 원효는 구토를 했다. 그리고 큰 깨달음을 얻었다. 결국 만사가 마음먹기에 달려 있다는 것이다. 눈에 보이는 것이 마음의 상태를 결정하고, 그렇게 결정된 마음의 상태에 따라 피로와 갈증을 한번에 씻어주는 물이 되기도, 구토를 일으키는 썩은 물이 되기도 한다는 것이다. 무엇을 보고 무엇을 생각하며, 어떤 마음의 상태를 가져야 할지 생각해보게 하는 이야기다.

부정적인 감정을 떨치고 긍정적인 감정을 동원하는 또 다른 방법은 긍정적인 감정으로 부정적인 감정을 관리하는 것이다. 부정적인 감정은 떨쳐버리려고 노력할수록 더욱 춤을 추며 덤벼든다. 그 부정적인 감정을 불러일으키는 환경은 자신이 만든 것이 아니기 때문에 스스로도 어찌할 수 없는 경우가 많을 것이다. 이러한 상황에서 무조건 부정적인 감정을 떨쳐내려 하는 것은 무척 힘든 일이다. 이럴 때는 부정적인 감정을 이길 수 있는 더 큰 긍정적인 감정을 의식적으로 불러오는 것이 최선의 방법이다.

유머 감각 역시 긍정적인 감정을 고무시키는 데 유용하다.

언젠가 이스라엘의 베긴 수상이 레이건 대통령의 초청을 받아 미국에 갔다. 대통령 집무실에는 붉은색 전화기 한 대와 은색 전화기 한 대, 그리고 금색 전화기 한 대가 있었다. 베긴 수상이 물었다.

"전화기들의 색이 모두 다른데, 특별한 의미가 있습니까?"

"예, 여기 붉은색 전화기는 소련(러시아)과 통화할 때 사용하는 것이고요, 은색 전화기는 일반적인 통화를 할 때 사용합니다. 그리고 이 금색 전화기는 하나님과 대화할 때 쓰는 것입니다."

베긴 수상이 다시 물었다.

"하나님과 통화하시려면 전화비가 많이 나오겠네요?"

그러자 레이건 대통령은 이렇게 대답했다.

"네, 그렇지요. 한 통화에 1만 달러 정도는 될 것입니다."

얼마 후 베긴 수상이 레이건 대통령을 이스라엘로 초청했다. 베긴 수상의 집무실에도 색깔이 다른 세 대의 전화기가 있어서, 레이건 대통령이 그 이유를 물었다. 그랬더니 베긴 수상도 붉은색은 공산국가와 통화할 때 쓰는 전화기요, 은색은 우방국이나 업무관계로 통화할 때 쓰는 전화기며, 금색 전화기는 하나님과 통화할 때 쓰는 전화기라고 대답했다.

그러자 레이건 대통령이 물었다.

"여기서는 하나님과 통화하는 데 요금이 얼마나 됩니까?"

"여기서 전화하면 미국 돈으로 1센트 정도 나옵니다."

베긴 수상은 빙그레 웃으면서 대답했다.

"왜 그렇게 요금이 싸지요?"

"미국의 하나님은 멀리 계시기 때문에 통화료가 그처럼 비싸지만, 이곳의 하나님은 가까운 곳에 계시기 때문에 통화료가 아주 싸지요."

유머는 힘들고 어려운 상황을 반전시키거나 역전시키며 부정적 감정들을 컨트롤하는 데 중요한 수단이 된다. 서로 견제하고 신경 써야 하는 상황에서 분위기를 부드럽게 만들어주는 강력한 촉매제가 되기도 한다. 유머에는 마인드를 긍정적으로 변화시켜주는 효과가 있기 때문이다. 그러므로 유머를 활용해 긍정적 감정의 홍수를 불러일으킨다면 감정과 일치하는 목표들을 차례차례 이룰 수 있을 것이다.

이제는
실행하라

우리는 성공을 꿈꾸지만 세상은 우리가 원하는 것처럼 그렇게 호락호락하지 않다. 성공을 위한 노력을 꺾게 만드는 폭풍이 불기도 하고, 잠재능력을 발견하는 기회를 마련해주기도 한다. 하지만 폭풍에 꺾이고 말 것인지, 성공의 근거를 찾아서 새롭게 인생의 꽃을 피울지는 본인만이 선택할 수 있다.

01
가장 소중한 일에 힘을 집중하라

E. M. 그레이 교수는 자신의 저서 《성공인의 공통분모》(The Common Denominator of Success)에서 목표를 성취하며 성공한 사람들의 성공비밀에 대해 설명하고 있다. 그에 의하면 성공한 사람들에게는 다음과 같은 공통점이 있었다고 한다.

첫째, 일 자체를 즐기고, 그 즐거운 일을 하는 데 목숨을 걸다시피 열정을 다했다. 열심히 일하는 것이 성공으로 이끄는 가장 중요한 코드라는 것은 잘 알고 있다. 그런데 그토록 열정적으로 일을 하기 위해서는 그 일이 자신에게 즐거운 것이어야 한다. 즐거워서 열심히 일하게 되고 열심히 일하니 성공할 수밖에 없다는 공식이 성립되는 것이다.

싫지만 해야 한다는 당위성이나 사명감만으로는 최선을 다해도 최상의 결과를 만들어낼 수 없다. 무엇보다 자신에게 맞고, 자신이 좋아하는 일을 하는 것이 중요하다. 하지만 리더십 프로그램을 진행하다 보면, 진정 자신이 좋아하는 일을 알지 못한 채 우왕좌왕하는 수강생들을 의외로 많이 만나게 된다.

입시공부에만 매달리느라 자신의 적성이나 성격에 맞는 일을 탐색하는 데 게을렀던 게 한 가지 원인이라 할 수 있다. 그러므로 목표를 성취하려면 어떤 분야든 자신이 좋아하는 일을 찾는 것이 무엇보다 급선무이다.

두 번째 공통점은 운이 따랐다는 것이다. 인간이 아무리 수고하고 노력한다고 해도 다가갈 수 없는 공간은 있다. 신의 영역이랄까? 그러나 하늘은 스스로 돕는 자를 돕는다고 하지 않았는가? 최선을 다하는 사람에게는 운이라는 불가항력이 매번 걸림돌이 되지는 않을 것이다. 그래서 이 공간에서는 겸손해야 하는 존재임을 인정해야 한다. 스스로를 높이려면 필시 노력이 있었더라도 그 결과를 스스로의 공으로 돌리지 않는 성숙함이 진정한 성공인으로 만들어주는 것이다.

세 번째는 성공한 사람들은 하나같이 인간관계가 좋았다는 것이다. 요즘 말로 NQ(네트워크 지수)가 높았다는 말이다. 물론 이것은 성공을 결정짓는 요인이 연줄이라는 의미는 아니다. 더불어 사는, '공존하는 능력'을 말하는 것이다. 자신을 낮추고 타인을 위하는 생활이 마침내 자신의 발전을 가져온다는 새로운 패러다임이다. 주변 사람들을 통해서 황금의 성공을 얻을 수 있다는 것이다.

그러나 이 세 가지보다 더 중요한 것이 있다. 이 세 가지를 모두 포함하면서도 이 모두를 실행하는 중요한 방법, 그것은 바로 자신에게 소중한 것부터 하는 것이다. 좋고 나쁘고가 중요한 게 아니다. 얼마나 벌고 못 버느냐가 중요한 것도 아니다. 중요한 것은 지금 실행하고 있는 일이 자신에게 얼마나 소중한 일이냐이다.

삶의 우선순위를 정하고 우선적인 일에 자신의 화력을 집중적으로 퍼부었을 때 원하는 시간 안에 목표를 이룰 수 있다. 그런데 많은 사람들이 급히 처리해야 하는 일이 우선이고 중요하다는 잘못된 생각을 하고 있다. 그리고 그것을 하기 위해 많은 시간을 허비하면서, 정작 자신에게 가장 귀중한 것들은 그 시간과 함께 흘려보내고 만다. 급한 것에만 몰두하다가 소중한 것을 잃어버리는 허점이 성공 가도를 달리고 싶은 우리 누구에게도 있을 수 있음을 기억하라.

성숙한 성공인은 전체를 볼 줄 안다. 숲이라는 전체를 보고서 나무를 정리해 나아갈 줄 안다. 산에 올라갔다가 조난을 당했을 때, 대부분의 사람들은 아래로 내려가기만 하면 된다고 생각한다. 하지만 등산 전문가들은 산에서 길을 잃어버렸다면 올라가라고 충고한다. 근처 높은 곳으로 올라가 산 전체를 내려다보면서 가야 할 방향을 정한 다음에 내려가라는 것이다.

하지만 대부분의 미성숙한 사람들은 언제나 부분만을 보려 한다. 공부나 인간관계에서는 물론 재테크에 있었어도 마찬가지다. 그러나 성공한 사람들은 눈앞의 현실이 아니라, 다음을 그리고 그 다음, 나아가 몇 차원 높은 저 멀리를 바라본다.

올라가라. 그리고 인생의 전체를 바라보라. 그러면 자신에게 가장 소중한 것이 무엇인지 보일 것이다. 그리고 중요한 그것을 성취하기 위해 모든 화력을 쏟아부어라.

즉시 실행하기 위한 성공전략

1. 자신이 매일 하는 일을 객관적으로 살펴보라. 그것이 자신의 목표에 도달할 수 있도록 효과적으로 이끌어주는지 판단해보라.

2. 자신의 경제적인 면을 샅샅이 살펴보라. 재테크의 원칙이 잘 지켜지고 있는지 꼼꼼히 체크하라.

3. 휴식, 독서, 운동, 명상, 인간관계 등에 시간을 투자하라.

02
연습에 연습을 거듭하라

20세기가 낳은 10대 첼리스트 중의 한 사람인 모리스 장 드롱이 1985년 내한 했을 때 〈월간 객석〉과의 인터뷰에서 이런 말을 했다.

"내가 처음 첼로를 배울 때에는 카세트도 없었고 텔레비전도 없었습니다. 오직 악기와 악보만이 있었을 뿐이지요. 그래서 악보를 보면서 혼자 연습할 수밖에 없었어요. 그런데 그게 오히려 잘된 일이었습니다. 궁극에 이르면 예술은 고독한 작업이니까요."

그런 조건에서도 그는 날마다 오전이면 바흐의 무반주 첼로 모음곡 전곡을 연습했다고 한다.

또 이런 일이 있었다고 한다. 어느 날 피카소를 만난 장 드롱은 불쑥 그림 한 장을 그려달라고 부탁했다.

"제게 가장 중요한 것은 첼로입니다. 그래서 선생님께서 그려주신 첼로 그림을 하나 가지고 싶은데 가능할까요?"

"그럽시다. 내가 근사한 첼로를 하나 그려주지요."

피카소는 이렇게 말하며 흔쾌히 받아들였다.

그런데 그 뒤 장 드롱은 피카소를 몇 번 더 만났지만, 피카소는 그림에 대해서는 아무런 언급도 하지 않았다. 장 드롱은 피카소가 그냥 지나가는 말로 약속을 한 것으로 생각하고 그 일을 잊기로 했다.

그리고 10년이 흐른 어느 날, 피카소는 장 드롱에게 그림 한 장을 불쑥 내밀었다. 첼로가 그려진 그림이었다. 이미 그 일을 까맣게 잊고 있던 장 드롱은 깜짝 놀라서 어떻게 된 일이냐고 물었다. 피카소는 이렇게 대답했다.

"당신의 부탁을 받고 10년 동안 날마다 첼로 그리는 연습을 했지요. 이제야 내 마음에 드는 첼로를 그리게 되어 드리는 겁니다."

장 드롱 같은 20세기의 천재 첼리스트에게도, 천재 화가 피카소에게도 진정 필요했던 것은 연습에 연습, 그리고 훈련에 훈련을 반복하는 것이었다. 그것이 그들을 세계 제일의 대가로 만들었던 것이다.

세상에는 비법을 운운하는 사람도 많고, 그를 찾는 사람도 많다. 토익시험 만점 받는 비법, 부동산으로 돈 버는 비법, 연설의 달인이 되는 비법, 심지어는 학생들의 1등 할 수 있는 비법……. 이런 비법들을 소개하는 책들도 많다.

그러나 따지고 보면 이 세상에 비법은 존재하지 않는다. 연습과 훈련을 계속하다가 나타난 성과를 정리한 것, 그것이 바로 '비법'이라면 비법이라고 할 수 있다. 비법이라든지 기술, 방법 등의 단어는 자칫 연습과 훈련을 게을리 하게 만들어서 결국 실패를 조장할 수도 있다.

미국 월가에서 전설적인 인물로 꼽히는 피터 린치는 "펀드매니저 수익률은 구두 뒤축이 얼마나 닳았는지를 보면 알 수 있다"고 말했다. 자산운용가로서는 스타급인 피델리티 주식운용 부문 김태우 대표는 피터 린치의 이 말을 자신의 좌우명으로 삼고 있다고 한다.

그는 매수·매도 시점에 대한 '동물적 감각'이 없으면 펀드매니저가 될 수 없다는 생각은 완전히 잘못된 것이라고 단언한다. 끊임없는 노력과 이에 따르는 성취욕과 승부욕이 중요하다는 것이다.

우리의 인생은 자전거와 같다. 자전거는 달리기를 멈추는 순간 쓰러지고 만다. 성공이든, 실력이든, 아침에 일찍 일어나는 습관이든, 영어 단어나 숙어를 외우는 일이든, 무엇이든 당신이 목표로 하는 것을 성취하기 위해서는 멈춰서는 안 된다. 계속 쉬지 않고 달려서 내 몸에 완전히 밸 때까지 연습과 훈련을 반복해야 하는 것이다.

장 드롱 같은 천재 첼리스트나 피카소 같은 천재 화가, 그리고 피터 린치 같은 전설적인 투자가들이 했던 것처럼 평범한 우리가 성공할 수 있는 비법은 지금 즉시 연습과 훈련을 하고 또 하는 것뿐이다.

성공하고 싶은가? 아름다운 인생을 살기를 원하는가? 그렇다면 요령과 편법, 그리고 비법을 찾아 헤매느라 시간을 낭비하지 말고, 목표를 이루기 위해 가장 단순한 방법으로, 포기하지 말고 꾸준히 노력하라.

"태산이 높다 하되 하늘 아래 뫼이로다. 오르고 또 오르면 못 오를 리 없건마는 사람은 제 아니 오르고 뫼만 높다 하더라."

즉시 실행하기 위한 성공전략

1. 하루하루 최선을 다했다는 증거를 기록한다.
2. 최선을 다했을 때 자신에게 격려와 칭찬의 말을 노트에 남긴다.
3. 자신이 얼마나 열심히 실천했는지 객관적으로 정리하고 평가한다.

03
흔들리지 말고
최선을 다하라

인생을 사는 데는 '어디에서 사느냐'보다는 '어떻게 사느냐'가 더 중요하다. 장소가 아니라 태도가 중요하다는 것이다.

우리나라에는 스스로 맹모삼천지교(孟母三遷之敎)를 실천한다고 믿는 사람들이 많다. 자식의 교육을 위해서 학군 좋은 곳으로 이사를 하고, 잘 나가는 학원들이 몰려 있는 곳으로 옮겨 다닌다. 그러면서 이것을 맹자 어머니의 교육에 비교하기를 서슴지 않는다.

우리나라 부모의 교육열은 세계적으로도 손꼽힐 정도로 높다. 자식을 위해서라면 이민까지도 마다하지 않는다. 강남 8학군에 대한 맹신이 하늘을 찌를 듯해 강남에 있는 중·고등학교에 가기만 하면 대학 진학이 보장된다고 믿기도 한다.

그러나 한번 생각해보라. 멸치가 태평양에서 자란다고 고래가 되겠는가? 결코 그런 일은 일어나지 않는다. 동해의 멸치를 태평양에 갖다놓아도 멸치 이상이 될 수는 없다. 동해에서 살 때보다 조금 더 클지는 모르지만, 오히려 환경에 적응하지 못하거나 태평양 멸치 떼의 갖은 핍박과 왕따 등의 견제를 이기지 못해 스트레스를 받고 심한 경우 우울증에 시달리게 될 수도 있다. 그리고 결국 스트레스로 인해 비만이 되거나 비쩍 마르는 등 정상적으로 성장하지 못할 가능성이 높은 것이다.

중요한 것은 환경이 아닌 DNA, 즉 유전자이다. 고래의 유전자를 갖고 태어났으면 고래가 되고. 멸치의 유전자를 가지고 태어났으면 멸치가 되는 것이다. 멸치의 유전자를 가지고 있는데도 고래가 될 수 있다는 환상이 이민과 8학군의 허상을 양산해낸다. 그리고 그 허상은 미국에서 유럽으로, 그리고 나중에는 필리핀과 말레이시아를 휩쓸더니 지금은 중국으로 몰려가고 있다.

그렇다면 누가 고래인가? 누가 진정 유전자가 큰 사람인가? 바로 비전을 갖고 그 비전에 따라 일관성 있는 태도로 삶을 사는 사람들이다. 이들이 바로 고래의 DNA를 가진 사람들이다.

흔히 성공한 사람들의 이면을 살펴보면 그들은 어디에 있든지 최선이라는 일관성을 가지고 살았다는 공통점이 있다. 최선이라는 삶의 태도를 견지했던 사람들인 것이다. 열정적인 삶에 최선을 다하고, 윤리적인 삶에 있어서도 최선을 다하고, 자신의 일에서도 최선을 다한 사람들이야말로 하나같이 성공이라는 코드와 입을 맞추었다.

그리고 그들에게 최선은 자신의 환경을 뛰어넘게 하는 능력이 되었다. 그들이 동해같이 작은 바다, 환경적으로 열악하다는 학군에서도 고래와 같은 큰 능력을 발휘할 수 있었던 것은 최선이라고 하는 일관된 태도를 가졌기 때문이었다.

사실 우리는 비전을 갖고 일관성 있게 최선을 다하는 사람들이 성공한다는 것을 잘 알고 있다. 드라마 〈대장금〉이나 〈동의보감〉, 〈상도〉 등이 인기 높았던 까닭도 그 때문이다. 그 드라마들의 주인공들을 떠올려보라. 그들은 자신이 가치 있게 여기는 비전을 가슴에 품고, 흔들림 없는 일관적인 태도로 최선을 다하며 살았다.

또한 그들은 눈앞에 순간의 이익이 아른거려도 굴하지 않고 외압이 들어와도 타협하지 않았다. 부정한 방법을 사용하는 거친 모리배들과의 싸움에서 밀려도 결코 자신의 살아가는 태도를 무너뜨리지 않았다. 오히려 그럴 때마다 그들에게는 더욱 최선을 다하겠다는 의지가 드러났다.

간디 역시 이러한 삶의 자세를 한 치 흔들림 없이 지켰다. 그를 지켜본 국민들은 그를 존경했고, 그의 올곧은 삶을 철석같이 신뢰하고 따랐다. 그리고 간디의 그런 삶과 국민들의 신뢰가 인도 해방의 원동력이 되었다. 그는 고래의 DNA를 가진 사람이었다. 최선을 다하면 언젠가는 인정받게 되고, 나아가 존경받게 되는 것이다.

게으르게 살지 마라. 게으름은 온갖 편법을 양산해내는 공장이다. 게으름은 자주 유혹에 빠지게 하고 흔들리게 할 뿐만 아니라, 쉽고 편하게 성공하고자 하는 충동에 사로잡히게 만든다.

로또 열풍 역시 게으름에서 비롯된 것이다. 최선을 다해 살기보다 요행을 바라는 마음이 앞서, 로또에 열광하는 사람들은 대부분 "두 번 다시 하지 않으려고 했는데……" 하면서 한숨만 나오는 인생의 후렴을 반복하게 된다. 이런 사람이라면 결코 성공에 다가갈 수 없을 뿐 아니라, 오히려 거리가 멀어질 수밖에 없다.

이렇게 후회하는 인생을 살지 않으려면 자기에게 맡겨진 일에 전력을 다해야 한다. 그러다 보면 자신도 모르게 자신을 따르고 존경하는 사람들이 생기게 되고, 그것이 곧 자신의 리더십이 된다. 지금 당장 이런 리더십의 태풍 속으로 들어가라. 망설이거나 뒤도 돌아보지 말고 뛰어들어 위풍당당하게 걸어가라.

당신은 멸치의 DNA를 가지고 있는가? 고래의 DNA를 가지고 있는가? 아직 늦지 않았다. 자신의 DNA를 고래의 것으로 바꾸어라.

✓ TIP BOX

즉시 실행하기 위한 성공전략

1. 자신에게 중요한 일인데도 자꾸 미루고 있는 것이 무엇인지 적어본다.
2. 그것 때문에 느껴지는 감정에 집중하라. 그리고 미루지 않고 당장 실천할 수 있는 방안을 떠올려보라.
3. 활동하라. 활력이 생기고 느낌도 달라질 것이다. 최선을 다하고 있기 때문이다.

04
잠재능력을 개발하라

2004년 3월, 17대 국회의원 선거를 한 달여 앞두고 대통령 탄핵안이 국회에서 가결되었다. 그로써 당시 탄핵의 대상이었던 노무현 대통령은 집무정지에 들어갔고, 서울을 비롯한 전국 대도시에서는 탄핵을 반대하는 촛불시위가 일어났다.

대통령 탄핵이라는 초유의 사태가 정국에 어떤 영향을 미칠지 정치 전문가들도 예측할 수 없는 상황에서 4월 국회의원 총선거가 실시되었다. 하지만 탄핵의 폭풍을 맞은 것은 대통령과 여당이 아니었다. 당시 여당이었던 열린우리당이 과반이 넘는 152석을 차지함으로써 총선은 여당의 압승으로 돌아간 것이다. 그야말로 전혀 예상치 못한 결과였다.

이 일은 많은 것을 생각하게 한다. 실제로 당시 많은 이야기들이 이로 인해 오고갔다. 하지만 이 일을 보며 필자는 우리 인생 역시 이와 다를 바 없다는 생각을 했다. 인생 역시 이처럼 변화무쌍하다. 예측할 수 없는 폭풍이 불어와 우리의 숨통을 막을 수도, 행복한 인생으로 나아가는 성공가도를 달리게 할 수도 있다. 그리고 그런 예상치 못한 바람에 의해 만들어진 환경에서 다시금 내일을 전망하는 게 우리의 인생이 아닌가 한다.

몇 해 전에 한 중학교 교장선생님이 스스로 목숨을 끊는 일이 있었다. 학생들이 왕따 동영상을 찍어서 인터넷에 유포한 일이 문제가 되어, 교장으로서의 책임과 사고처리에 대해 고민하다가 결국 자살을 선택한 것이다. 그 후 이 동영상은 학생들이 새로 산 캠코더로 재미삼아 찍어본 장난 동영상인 것으로 밝혀졌다.

신문과 텔레비전에서 연일 이 사건이 보도되는 가운데 이를 조사하던 경찰이 학생들의 장난으로 보인다고 밝혔지만, 그 교장선생님은 주변의 시선과 결과에 대한 두려움을 이기지 못하고 목숨을 끊었다. 결과적으로 그는 주변환경의 족쇄를 풀지 못한 것이다. 주변환경을 뛰어넘지 못한 채 속수무책으로 넘어진 것이다. 가해자였던 모든 매스컴, 신속하게 정황조사를 벌이지 않았던 경찰, 무책임한 학생 등은 아무런 말이 없었다.

그러나 모든 사람들이 그처럼 환경의 바람에 스러지는 것은 아니다. 온갖 비웃음과 조롱, 그리고 비난 속에서도 성공하는 사람도 얼마든지 있다. 물론 그들도 환경의 바람에 영향을 받기는 하지만, 비전이 있고 삶의 일관된 태도를 유지하기 때문에 외부환경에 굴하지 않는 것이다.

많은 사람들이 2003년 최고의 스타플레이어로 미국의 사이클 선수 랜스 암스트롱(Lance Armstrong)을 꼽았다.

"이 승리를 암과 싸우는 모든 이에게 바친다. 나를 보라. 암은 충분히 극복될 수 있다."

세계 최대의 사이클대회인 투르 드 프랑스에서 스포츠 역사상 가장 드라마틱한 인간승리 드라마가 연출되는 순간이었다. 파리 개선문 앞 결승점을 가장 먼저 통과한 선수는 바로 암환자 랜스 암스트롱. 당시 그의 승리는 1999년부터 5년째 계속된 것이었다. 그것도 2위인 스위스의 알렉스 줄보다 무려 7분 37초나 빠른 좋은 기록이었다.

인간승리를 보여준 랜스 암스트롱은 불과 몇 년 전만 해도 페달을 밟는 것은 물론 생존 자체가 의문시됐던 중증 암환자였다. 1993년 세계선수권대회를 석권했던 그가 몸에 이상을 느낀 것은 1996년. 진단결과 고환암으로서 암세포는 뇌까지 퍼져 수술을 받더라도 살 수 있는 확률이 50%도 안 되는 매우 절망적인 상태였다.

그러나 그는 오른쪽 고환과 뇌조직 일부를 제거하는 대수술을 받은 후 16개월 동안의 화학요법치료를 견뎌냈고, 1999년 대회에서 재기에 성공했다. 그것도 정상에 우뚝 섰다.

우리 역시 랜스 암스트롱과 같은 사람이 될 수 있다. 거친 바람이 불어대는 인생의 폭풍을 탓하고만 살아서는 안 된다. 맞서야 한다. 실제로 그런 바람에 맞서 싸운 사람들이 모두 성공하지 않았는가.

자살을 선택한 교장선생님처럼 쉬운 길도 어렵게 가는 사람이 있고, 어려움을 이겨내고 성공한 암스트롱처럼 어려운 길도 쉽게 가는 사람이 있다. 그렇다면 어려운 길을 쉽게 갈 수 있는 비결은 무엇인가?

가장 먼저 자신의 잠재능력, 즉 장점을 발견하는 것이다. 흔히들 자신의 장점은 파악하지 못한 채 다른 사람의 장점을 바라보며 자신의 재능 없음을 한탄한다. 이는 다른 사람의 기준으로 자신을 보기 때문이다. 물론 이런 상태에서는 자신의 장점을 찾아낼 수 없다. 잠재력을 계발할 수도 없다.

1986년 우리나라에서 아시안게임이 개최되었다. 그때 역도 부문에서 파키스탄의 아봇이라는 선수가 두 개의 금메달을 따 그들 나라의 국민적 영웅이 되었다. 그러나 본래 그는 역도와는 전혀 무관한 건설현장 인부였다.

공사장에서 일하던 어느 날, 갑자기 커다란 H빔이 무너지는 사고가 발생하였다. 지나가던 행인들이 압사할 위기에 놓인 그 순간, 아봇이 넘어지는 H빔을 잡고서 그들을 안전하게 대피시켰다. 주변 사람들이 그에게 '파키스탄의 헤라클레스'라고 하며 놀라워했지만, 정작 더 크게 놀란 사람은 아봇 자신이었다. 자신이 그렇게 힘이 세다는 것을 전혀 모르고 있었기 때문이다.

그 후 주변사람들이 그에게 역기를 한번 들어보라며 권했다. 그렇게 역기를 들어올리기 시작한 그는 이내 세계신기록까지 깨고 말았다. 그리고 갑작스럽게 선수가 되었고 아시안게임에서 금메달을 두 개나 거머쥔 것이다. 어느 날 우연히 발생한 사건을 통해 그는 자신의 잠재능력을 발견했다. 그 전에는 자신도 모르고 있었다.

사람은 누구에게나 잠재능력이 있다. 일찍 그것을 발견해 성공한 사람도 있지만, 아직 발견하지 못한 사람도 많다. 그렇다고 잠재능력이 발견되는 우연한 기회가 찾아올 때까지 마냥 기다리고 있을 수는 없다. 찾아나서야 한다.

그렇다고 하던 일 때려치우고 잠재능력을 찾아나서라는 얘기는 아니다. 자신이 일하는 현장에서 열정적으로 일하는 것이야말로 잠재능력을 개발하는 최선의 길이다. 대부분의 경우 일하는 현장에서 잠재능력을 발견하기 때문이다.

우리는 성공을 꿈꾸지만 세상은 우리가 원하는 것처럼 그렇게 호락호락하지 않다. 성공을 위한 노력을 꺾게 만드는 폭풍이 불기도 하고, 잠재능력을 발견하는 기회를 마련해주기도 한다. 하지만 폭풍에 꺾이고 말 것인지, 성공의 근거를 찾아서 새롭게 인생의 꽃을 피울지는 본인만이 선택할 수 있다. 또 자신의 일에 최선을 다하면서 자신 안에 잠든 잠재능력을 발견하고 깨우는 사람만이 성공으로 다가갈 수 있다.

✓ TIP BOX

즉시 실행하기 위한 성공전략

1. 생각지도 못한 자신의 능력을 발견하고 놀랐던 적이 있었는지 생각해본다.

2. 한번 도전해보고 싶은 일들을 모두 적어본다. 평소 당연히 못할 것으로 생각하고 있었던 것도 상관없다. (예, 암벽타기, 악기 배우기, 스포츠 댄스, 1년에 책 100권 읽기, 컴퓨터 조립해보기 등)

3. 마무리 짓지 못한 일, 한 번 시도해 실패한 일 가운데 다시 도전하지 않은 일이 없었는지 떠올려보라. 잠재력을 발견하기 위해서는 문제 역시 제대로 알고 있어야 한다.

05
자신을 믿어라

인생을 살다 보면 "만약 ~ 했더라면 좋았을 텐데"라고 후회하는 일이 있기 마련이다. 어느 정도 인생을 산 중년의 사람들은 물론이고 아직 젊은 사람들이라고 해도 예외는 아니다.

당시에는 모르다가 지나간 다음에서야 그 일의 가치나 진리를 알게 되었을 때의 상실감은 정말 가슴이 미어지게 만든다. 그리고 그런 상실감이 하나둘씩 쌓이다 보면 절망감으로 이어져서 총체적으로 실패하는 인생이 될 수 있다.

따라서 일단은 "만약 ~ 했더라면 좋았을 텐데"와 같은 후회의 감정이 남지 않는 인생을 살아야 한다. 하지만 그건 쉬운 일이 아니다. 그보다 더 현실적인 방법은 이런 감정이 생길 때 그것을 다스릴 줄 아는 것이다.

후회의 감정을 다스리기 위해 필요한 것은 용기와 자신에 대한 신뢰이다. 인생은 두 번 다시 반복되지 않는다. 그렇기 때문에라도 신중하게 인생을 살되, 자신의 가치를 존중할 줄 알아야 한다. 당신이 후회의 감정에 사로잡혀 하염없이 시간을 버리고 있을 때, 경쟁자들과 세월은 기다려주는 일 없이 저 멀리 앞서 나가고 만다. 후회에 발목 잡혀 아무것도 결단하지 못하고 실행하지 못하는 일이 있어서는 안 된다.

1974년 실버스타 스탤론은 무일푼의 초라한 배우이자 작가로 살아가고 있었다. 어느 날 그는 권투시합을 보러 갔다가, 위대한 복서 무하마드 알리와 맞붙은 무명복서에게 깊은 감명을 받았다. 그 무명복서는 결국 졌지만 챔피언 알리를 한 차례 다운시켰다. 스탤론은 그 복서에게서 자신과 매우 흡사한 인물, 즉 이 세상을 상대로 싸우는 전사의 모습을 보았다.

그는 그 길로 달려가 시나리오를 쓰는 데 전념해 3일 만에 완성했다. 그 시나리오의 제목은 〈록키〉였다. 시나리오를 완성했지만 그에게는 영화를 만들 돈이 없었다. 수중에 가진 돈이라고는 106달러뿐이었던 것이다. 결국 그는 에이전트 회사에 그 시나리오를 건네주었다.

한 영화사에서 라이언 오닐이나 버트 레이놀즈를 주연으로 하는 조건으로 그 시나리오를 2만 달러에 사겠다고 제안했다. 스탤론은 2만 달러에 흥분했지만, 자신이 그 영화의 주연을 맡고 싶었다. 그래서 그는 돈은 주지 않아도 좋으니 자신을 주연으로 캐스팅해줄 것을 제안했다. 그러나 영화사는 일언지하에 거절했다. "할리우드에선 그런 게 통하지 않는다"는 이유였다.

스탤론은 돈이 절실히 필요했지만, 그 영화사의 제안을 거절했다. 그러자 영화사는 다시 그가 주연을 맡지 않는다는 조건으로 8만 달러를 제안했고, 스탤론은 이 역시 거절했다. 로버트 레드포드가 관심을 보인다면서 20만 달러를 제안했을 때에도 마찬가지였다.

그러자 영화사에서는 다시 30만 달러에 시나리오를 사겠다고 제안했다. 스탤론은 고민했다. 하지만 결국 그는 영화사 사람들에게 자신은 평생 "만약 ~ 했더라면"을 되뇌면서 살고 싶지 않다고 말하면서 거절했다. 그리고 영화사에서 마지막으로 33만 달러를 제시했을 때에는 자신이 주연을 맡지 않으면 차라리 그 시나리오를 영화로 만들지 않겠다고 단언했다.

마침내 영화사와 스탤론은 그를 주연으로 캐스팅하는 조건으로 2만 달러에 시나리오 작품료를 합의했다. 스탤론의 출연료는 주당 340달러로 하기로 했다. 이로써 33만 달러를 포기한 스탤론은 세금 등을 제하고 고작 6,000달러를 손에 넣을 수 있었다.

그 다음에 어떻게 되었는지는 우리 모두가 잘 알고 있다. 스탤론은 아카데미상 최우수 남우주연상 후보로 올랐고, 그가 주연한 〈록키〉는 작품상, 감독상, 편집상 등을 수상해 3관왕에 올랐다. 그리고 그후 〈록키〉는 계속 시리즈로 만들어져 10억 달러 이상의 수입을 올렸으며, 스탤론은 세계적인 배우가 되었다.

자신을 믿어라. 그리고 후회할 말이나 생각, 그리고 후회할 선택은 과감히 던져버려라. 어떤 대가가 없더라도 자신의 소중한 직관과 능력을 믿어라.

이제 더 이상 "만약 ~ 했더라면 좋았을 텐데"와 같은 생각이나 얘기는 하지 마라. 그리고 순간순간 선택하고 결단을 내릴 때마다 자신을 믿고 과감히 실행하라. 해보고 실패하는 것이 해보지도 않고 실패하는 것보다 1,000배 더 낫다.

즉시 실행하기 위한 성공전략

1. '~ 했더라면 좋았을 텐데'라고 후회한 적이 있다면 그 내용을 생각나는 대로 적어본다.
2. 기록한 내용을 보며 얼마나 많이 후회의 감정을 느꼈는지 다시 한 번 체크해본다.
3. 나를 믿는 선언을 한다. "오, 예스!" 혹은 "나는 할 수 있어!"라고 외쳐본다.
4. 후회의 노트를 늘리지 않는 방법은 오직 행동하는 것뿐이다. 자신을 믿고 과감히 실행하라.

06
진실과 기다림, 믿음으로 대화하라

지도자에게 요구되는 것은 탁월한 리더십뿐만이 아니다. 특히 최근에는 의사소통 능력이 무엇보다 강조되고 있다. 갈수록 경쟁이 치열해져가는 기업환경 속에서 기업은 리더십과 의사소통 능력을 겸비한 CEO를 필요로 하고, 정치 및 사회 지도자들에게도 의사소통이 중요한 덕목으로 요구되고 있다. 심지어 의사소통이 리더십의 가장 중요한 요소로 언급되기도 한다.

흔히 의사소통을 '말하는 기술'이라고 생각한다. 물론 말 없이 의사소통을 원활하게 하기란 쉽지 않다. 그러나 진정으로 의사소통이 잘되기 위해서는 말이라는 표면적인 도구를 전달하기에 앞서, 그것을 있게 한 마음을 전달해야 한다. 마음이 전달되지 않는 말은 상대의 마음을 열기 어렵기 때문이다.

예를 들어, 사랑의 이름으로 혹은 가정교육이라는 명분하에 자녀들의 마음을 다치게 하는 부모들이 적지 않다. 사랑은 마음이건만 그 마음을 전달하지 못한 채 일방적으로 요구하는 바를 밀어붙여 자녀의 마음을 다치게 하는 것이다. 이런 경우 부모가 원하는 바가 분명하게 전달되었다 하더라도 제대로 된 의사소통이 이루어졌다고 할 수 없다. 자녀들은 부모의 말 때문에 상처를 받거나 심각한 갈등을 겪게 되고 원망까지 하는 경우도 있다. 이것은 부모가 바라던 상황도 결코 아니다.

이와 같은 일은 마음은 도외시하고 말만으로 자신의 의사가 충분히 전달되었다고 생각하기 때문에 일어난다. 그러므로 사랑의 마음을 효과적으로 전달하는 의사소통을 하는 게 필요하다. 그러기 위해서는 어떻게 해야 할까?

먼저, '진실함'이 있어야 한다. 다른 말로 정직함이라고도 할 수 있겠다. 이를 바탕으로 명확한 의사를 전달하는 것, 흔들림 없이 서로의 마음을 주고받으며 대화를 나누는 것이 필요조건이자 최고의 기술이다.

대화의 기술들을 소개하는 책도 많다. 그 책들처럼 여러 방법론적인 접근이 있겠지만, 진실이 없으면 그 모든 것이 임시변통에 불과해진다. 진실이 없다면 상대방은 속았다거나 배신을 당했다는 부정적인 감정을 쉽게 가질 수 있고, 당연한 말이겠지만 그런 부정적인 감정은 상대의 말을 곧이곧대로 들을 수 없게 만드는 장애를 불러온다.

사실 입장을 바꿔놓고 생각해보아도 배신감처럼 괴로운 것이 어디 있겠는가? 그런 배신감의 상처를 입고 있는 사람에게 내 의사가 제대로 전달될 리는 만무하다. 특히 자신에게 소중한 사람들과는 더더욱 진실한 마음을 담아 대화해야 하는 것은 바로 이런 이유에서다.

당장은 어려움을 느낄 수 있고 성과가 없을지 몰라도, 이 진실된 마음을 함께 전달하는 의사소통은 결과적으로 진정한 인간관계로 발전시켜준다. 따라서 진실함이야말로 가정교육의 기본이자, 최고의 기업 경영기술이라 할 만하다. 또한 우리의 인생경영에서 빼놓을 수 없는 중요한 가치이다.

사랑의 마음을 효과적으로 전달하는 의사소통의 두 번째 방법은 '기다림'이다. 마음이 전달되기까지는 시간이 필요하다. 말로 표현하는 것은 당장 할 수 있지만, 자신의 감정이 상대의 마음에까지 전달되는 데는 시간이 걸릴 수도 있다. 따라서 기다림의 시간이 의사소통의 바로미터가 될 수 있음을 기억하고, 여유를 갖고 기다려야 한다.

론 멜은《아픈 마음의 치료》에서 자신의 경험을 이렇게 들려준다.

무슨 일인지는 알 수 없었지만, 마음 아파하고 절망하고 있는 아들을 보고 그는 아버지로서 괴로웠다. 그는 아들이 자고 있는 방에 조용히 들어가서 아침까지 아들 옆에 가만히 누워 있었다. 다음날

아침, 아들이 잠에서 깨어 아버지를 보고는 이렇게 말했다.

"아버지, 고맙습니다. 괜찮아요. 제가 충분히 이길 수 있을 거예요."

흔히 우리는 문제를 대화로 풀어야 한다고 생각해, "왜 그러냐?", "뭣 때문이냐?", "이렇게 해라, 저렇게 해라"고 말해 오히려 상대의 상처를 건드리는 우를 범한다. 그보다는 론 멜처럼 가만히 옆에 있어줌으로써 자신의 마음을 상대에게 전달하는 것, 이것이야말로 가장 깊은 마음 나누기가 아닐까?

많은 사람들이 말로 문제를 해결하려 하고 적절한 대화 비법이 없는지를 찾는다. 그만큼 빨리 문제를 해결하고픈 욕구가 강한 것이다. 그러나 진정으로 문제를 해결하고 싶다면 기다려야 한다. 문제를 풀려는 조급한 시도가 오히려 상대를 화나게 하고 나쁜 감정을 더욱더 악화시킬 수 있기 때문이다. 조용히 함께하는 기다림, 침묵의 기다림이 필요하다.

세 번째 방법은 믿어주는 것이다. 이미 일어난 일에 대해서 무조건 "그래, 그랬을 거야", "그랬구나", "그런 일이 있었네", "너의 진실됨(혹은 너의 상황 혹은 너의 인격)을 믿어"와 같은 말로 상대를 믿어주는 것이다.

지금은 은퇴했지만 세계적인 CEO였던 제너럴일렉트릭의 잭 웰치는 《CEO가 되는 길》에서 이렇게 어머니를 회상하고 있다.

"모든 사람들이 나를 믿지 않을 때에도 어머니는 믿었으며, 나도 나를 믿을 수 없을 때조차 어머니는 나를 믿어주셨다."

그리고 그런 어머니의 믿음 때문에 오늘의 자신이 있다고 말한다. 어떤 일이 있어도 절망이나 실망은 없다고 격려하며 믿어주는 것만으로 의사소통의 기술은 절대적으로 증폭된다. 상대방을 믿고 상대방으로 인해서 행복하고 즐겁다는 마음의 전달은, 그 어떤 미사여구보다 훨씬 더 효과가 크다.

진실함으로 상대를 대하고 그 진실함이 상대에게 전해지도록 기다려라. 그리고 상대를 믿어라. 이것이 의사소통에 있어 가장 중요한 자세이다.

즉시 실행하기 위한 성공전략

1. '상대방의 절반만 말하겠다'는 자세로 대화에 임한다. 한참 이야기했으면 이제 계속 듣기만 하겠다고 마음속으로 다짐한다.

2. 이야기를 들으면서 제스처나 눈 맞추기, 표정 등을 통해 상대방과 일치되려고 노력한다.

3. 될 수 있으면 상대방이 스스로 말할 때까지 기다려라. 그리고 진심으로 그에게 동의해줘라.

07
수익금의 30%는
미래를 위해 투자하라

실험실 물컵 속의 개구리에게 가장 편안한 온도는 18도라고 한다. 물의 온도가 45도가 넘으면 더는 살지 못하고 죽고 만다. 그런데 18도에서부터 시작해서 사망선인 45도까지 서서히 온도를 높여도 개구리는 변화를 깨닫지 못한다. 조금 이상하다는 낌새를 차리지만 별 반응이 없다. 그러다 45도에 가까워지면 한두 번 변화를 시도하지만 이마저도 곧 포기하고 만다.

마침내 45도가 넘어서면, 그제야 개구리는 격렬한 반응을 보인다. 컵에서 뛰쳐나오려고 버둥거리기도 한다. 하지만 이땐 이미 몸이 말을 듣지 않는다. 절체절명의 순간, 몸이 말을 듣지 않아 뜨거워진 물에서 개구리는 그대로 죽음을 맞이하고 마는 것이다.

그렇다면 처음부터 개구리를 45도의 물속에 집어넣으면 어떻게 될까? 물속에 들어가자마자 단번에 튀어나와 탈출한다고 한다. 몇 번의 실험을 거듭해도 결과는 마찬가지였다.

이 같은 실험결과는 우리에게 시사하는 바가 크다. 뜨거운 물속에 들어가면 바로 튀어나오지만, 서서히 뜨거워지는 물속에서는 몇 번의 기회를 놓치고 현실에 주저앉아버리는 개구리. 그러다가 마지막 순간에는 그 상황을 벗어날 힘조차 잃어버린 채 최악의 상황을 맞이하는 것은 실험실 안의 개구리에게만 해당되는 얘기는 아니다.

오랫동안 한 가지 일만 계속했을 때, 주변에서 일어나는 변화를 알아채지 못하고 넘어가는 경우가 많다. 자신에게 일어나는 일조차 깨닫지 못하는 경우도 있다. 비록 알고 있다 하더라도 당연시 여기며 하루하루 변화를 늦추기도 한다.

언젠가 서비스업계에서 유명한 신 원장을 만나서 전략적인 사업 제휴에 관한 대화를 나누었다. 필자가 만든 성격유형진단지(에니어그램)를 활용하여 새로운 프로그램을 개발하고 보급하는 일에 관한 협력 여부가 그날 대화의 주제였다.

지금까지 활용되었던 것에 비해 사람의 성격을 훨씬 더 심도 있게 파악할 수 있는 도구였기에 새로운 시장을 개척하자는 의견에는 합일을 보았다. 그런데 걸림돌이 있었다. 바로 변화에 따른 리스크와 그것에 대한 심적 부담이었다. 기존 프로그램을 가지고 지금까지 좋은 평가와 성과를 거두고 있는데, 만약 바꾸었다가 기존의 시장까지 잃어버리면 어떻게 할 것인지였다.

이런 고민은 어쩌면 너무나 당연하고 상시적일 수 있다. 그러나 세상은 변하고 있고 기존의 시장은 변화를 추구하는 누군가에 의해 언젠가는 급격한 소용돌이에 빠져들게 되어 있다. 새로운 것은 없을까, 좀 더 좋은 것은 없을까, 이렇게 하면 더 좋지 않을까를 고민하면서 밤을 잊은 채 연구에 골몰하는 누군가는 반드시 있게 마련이다. 그리고 결국 그런 사람들이 새로운 프로그램을 무기로 업계에 돌풍을 일으키며 시장을 석권하게 되는 것이다.

설혹 자발적으로 창조적인 아이디어를 활용해 새로운 프로그램을 개발하지는 않았다 해도, 프로그램이나 상품을 구입하는 클라이언트가 기존의 것이 아닌 새로운 것이 없느냐고 갑자기 요구했을 때를 대비한 대안쯤은 가지고 있어야 한다. 변화는 언제 어떤 형태로 닥칠지 모르기 때문이다.

상황이 이런데도 변화에 대한 대처 없이 하루하루를 그냥 살아간다면 결과는 불을 보듯 뻔한 일이다. 평생고용이라는 믿었던 도끼에 발등 찍히고 만 우리의 샐러리맨들, 해고통지를 문자메시지로 받거나 휴가지에서 전화로 통보받는 식으로 한순간에 회사로부터 내침을 당하는 게 오늘의 현실이다. 하루하루 조직의 명령에 순종하며 대충 때우겠다고 생각해서는 실험실 개구리와 같은 운명에 놓일 수 있다.

우리가 늘 같은 방식으로 일하며 살아가는 동안 세상은 변한다. 따라서 우리는 늘 변화를 염두에 두고 대비해야 한다. 지금은 잘 나가니까 변화의 필요성을 느끼지 않아도 반드시 수익의 30% 정도는 미래를 위해 투자하도록 한다. 물론 그 30%는 결과에 연연하지 않고 편안한 마음으로 일에 전념할 수 있도록 수익금의 일부여야 한다.

설사 변화를 주도하지는 못한다 하더라도 평소 대비를 하는 사람에게는 실패도 성공이 될 수 있다. 설혹 결과적으로 실패했다고 하여도 '이렇게 하니까 실패했구나. 다음에는 저렇게 해야지'라는 성공에 대해 통찰력을 얻게 되므로 실패가 아닌 성공이 되는 것이다.

변화하는 세상에서 유리한 고지를 점령하려면, 잘 나가고 여유 있을 때 미래를 위해 투자하라. 비록 지금 하는 일이 실패하더라도 성공을 위한 방법 한 가지를 배운 것이라 여기며 다음 도전을 할 수 있는 힘을 길러야 하기 때문이다. 그러면 실패조차 여유 있게 즐길 수 있다.

신세계 백화점에서 처음 이-마트를 시작했을 때 성공을 장담한 전문가는 많지 않았다. 그러나 이-마트는 문을 열었고, 얼마 지나지 않아 외환위기가 닥쳤다. 하지만 이-마트는 외환위기를 헤쳐 나가는 동안 신세계의 든든한 사업체로 자리를 잡았다. 이-마트가 없었다면 어떠했을까? 신세계 임원진들은 그때 떨리는 가슴을 쓸어내리면서 안도의 한숨을 쉬었을 것이다.

지금 아무 문제가 없다고, 뭔가 이상이 있는 것 같지만 설마 무슨 일 있겠느냐고, 하긴 해야 하는데 뭘 해야 좋을지 몰라서 그냥 있는 것이라면 지금 당장 일어나라. 모르면 자신의 멘토에게 물어서라도 알아내고, 알면 더 이상 지체하지 마라. 내일이면 늦을지도 모른다.

✓ TIP BOX

즉시 실행하기 위한 성공전략

1. 직업, 부부관계, 경제적 자유, 건강, 인간관계와 자기계발과 관련해 지금까지 별다른 고민 없이 해왔던 일 다섯 가지를 선정하라.

2. 다섯 가지를 각각 분석하여 어느 단계에 있는지를 기록하라. 예컨대, 18도(적당), 25도(변화), 32도(위기), 39도(마지막 기회), 45도(실패)로 단계를 나눌 수 있다.

3. 각각의 온도에 맞는 대책을 강구하라. 그리고 즉시 실행하라.

08
시간과 노력의 30%는
미래를 위해 투자하라

매일유업은 자연치즈 '까망베르'를 출시하며 자연치즈 시장 개척에 나섰다. 가공치즈가 국내 치즈시장의 95%를 차지하는 현실에서 자연치즈 시장은 아직 미개척 분야였다. 그만큼 대규모 시설투자 등 위험부담이 클 수밖에 없었다. 그러나 매일유업은 새로운 시장개척을 위해 3년간 250억 원을 들여 뉴질랜드의 치즈 제조기술에 독일식 설비를 접목한 자연치즈 생산공장을 세웠다.

이 회사의 대다수 임원들이 "아직 자연치즈 시장이 형성돼 있지 않다"는 이유로 반대했지만, 김복용 회장이 식생활습관의 변화를 예상하고 밀어붙였다고 한다. 일본에서 자연치즈 소비가 꾸준히 늘면서 가공치즈와 시장을 절반씩 점유하고 있는 것을 보고 성장 가능성이 있다고 판단한 것이다. 이로써 그동안 전량을 수입에 의존

해오던 자연치즈 시장의 판도 변화가 예상되었다.

외환위기 당시 무차입 경영으로 화제가 됐던 남양유업 역시 공격적인 경영 행보로 주목받았다. 남양유업이 출시한 '맛있는 우유 지티(GT)'가 하루 100만 개 넘게 판매되는 등 미래에 대비한 투자효과를 톡톡히 본 것이다. 이 회사의 성공 또한 불황에 적극 대처하기 위한 기술혁신과, 타기업들이 망설일 때 투자를 아끼지 않은 것이 주효했던 것으로 평가받고 있다.

한국야쿠르트의 연구개발 노력도 눈길을 끈다. 한국야쿠르트는 수년간의 연구를 거쳐 개발한 기능성 발효유들을 차례로 선보임으로써 우유소비의 감소와 내수 부진의 이중고를 뚫으며 업계를 선도했다. 3년간 50억 원의 개발비를 들여 새로운 개념의 기능성 발효유 '쿠퍼스'를 개발하는 데 성공한 이 회사는, 이를 위건강 발효유 '윌'에 이어 내놓으면서 발효유 시장에서 1위 자리를 굳건히 다진다는 계획을 세웠다.

이들 기업은 우리나라에서 손꼽히는 우량기업들이다. 그래서 주식시장에서 자주 외국인 투자자들의 관심의 표적이 되곤 한다. 그런 기업인데도, 가지고 있는 것만 누리며 경영해도 넘쳐나는 수익에 소화제를 찾아야 할 상황인데도, 다가올 변화를 감지하고 다시 시작하였던 것이다.

당시 다른 기업들은 불안정한 환경 때문에 투자를 기피하고 현금을 계속해서 쌓아두기만 하는 상황이었다. 또한 몇 년 동안 계속된

불경기와 소비심리의 위축으로 좋은 물건을 만들어도 팔릴 수 있으리라는 확신을 갖기 어려운 상황이었다. 그런데도 그들은 투자를 단행했다. 소위 말하는 공격경영을 한 것이다.

남양유업은 외환위기 시절에도 이렇게 공격경영을 했다. 국가적인 경제위기가 한창이던 1997년에 공주 공장을 짓는 데 투자했고, 1999년에도 천안 공장용지를 사들여 2002년 공장을 완공했다. 그리고 현재 이 회사의 현금박스 역할을 하고 있는 프리미엄 분유, 프리미엄 우유 등을 생산해내고 있다.

위기는 기회를 만들어내고, 그 기회는 스스로 잡는 것이다. 기회는 절체절명의 위기 때 찾아오는 경우가 많다. 위에 사례로 든 기업들에서도 알 수 있듯이 외환위기를 기회로 삼아 투자를 감행함으로써 미래에 대비했고, 그 결과 풍성한 현재를 만들었다.

회사라는 조직 안에 갇혀 그 조직이 원하는 일에만 맹종하다 보면 자기 자신은 사라진 채 거대한 조직의 도구로 전락할 수 있다. 조직 안에서도 자신의 변화를 위한 몸부림이 필요하다. 거대 회사들이 어려운 여건 속에서도 투자를 감행하듯 조직 내에서도 자신에게 투자하고 맹렬히 움직이는 사람이 조직에 무조건 충성하는 사람보다도 오히려 더 좋은 업무성과를 내는 법이다.

생각 없이 시키는 대로 움직이는 사원들은 분명 업무능력에도 한계가 있다. 그러나 자신의 계발을 위해서 무엇인가 목표를 정하고 행동으로 옮기는 사람은 눈빛부터 예사롭지 않다.

물론 자신의 인생을 계발한다고 지금의 업무를 소홀히 하라는 얘기는 아니다. 업무를 통해 자신을 계발함으로써 큰 성과를 올리는 길을 찾으라는 것이다. 그러다 보면 일이 즐겁고 사람 만나는 것이 흥겨워진다.

자기계발을 위해 노력하다 보면 차츰 성공마인드로 무장되어가는 자신을 발견하게 된다. 쉬지 않고 실행한 덕분에 어떤 일에도 자신감이 넘쳐 구조조정이나 그 외의 외부압력에도 전혀 개의치 않게 될 것이다. 미래를 위해 시간과 노력의 30%를 투자하라. 내일이 아니라 지금 당장 시작하라.

즉시 실행하기 위한 성공전략

1. 5년 후 자신의 변화된 모습 10가지를 적어본다.
2. 10가지 중 가장 바람직하고 원하는 모습 한두 가지를 가려낸다.
3. 그것을 이루기 위해 어떻게 해야 하는지 구체적인 계획을 세운다.
4. 지금 할 수 있는 일부터 당장 시작한다.

09
옳다고 생각하면 즉시 실행하라

"**너**의 일이 옳다고 생각하면 즉시 행하라!"

이는 필자의 인생 스승님의 좌우명이다. 어린 시절 들었던 이야기는 마음속 깊이 여운으로 남아 내 삶에 강력한 동기부여가 되곤 했다. 그래서 필자는 무엇을 망설이거나 차일피일 미루다가도 이 말씀을 떠올린 후 곧바로 실천으로 옮기곤 한다. 그리고 또 하나의 말씀은 "실패가 없는 무난한 인생보다는 실패하더라도 도전하는 인생을 살라"는 것이었다.

우리나라 사람들이 자주 입에 올리는 '빨리빨리'라는 말에는 그때그때 땜질하면서 살게 만드는 하루살이 인생의 의미가 담겨 있다. 하지만 반대로 지나치게 신중해 실천하지 못함으로써 결과적으로 게으름으로 연결된다면, 이것 역시 지붕 위의 닭 쳐다보는 후회의 인생이 될 수 있다.

 우리 인생은 실패해보지 않고서는 도저히 성공이라고 하는 거인을 낚아챌 수 없다. 흔히들 성공했다고 하는 사람들을 보라. 그들 중에 실패해보지 않은 사람은 한 명도 없다. 대부분은 최소한 몇 번의 실패 후 비로소 성공으로 가는 사다리를 찾았다고들 얘기한다. 심지어 실패를 밥 먹듯한 사람도 있다. 그렇기 때문에 실패는 아름다운 것이다. 실패는 성공으로 가는 길로 안내하는 최고의 가이드이기 때문이다.

 이런데도 실패가 두려워서 생각 속에만 갇혀 있거나 완벽한 성공을 꿈꾸면서 계산만 하고 있을 것인가? 사기 치는 일이거나 거짓말하는 일, 반사회적이고 파렴치한 일이 아니라면, 지금 당장 실행하라!

 재테크도, 공부도, 건강을 지키는 것도 마찬가지이다. 돈을 벌고 싶으면 지금 당장 서점으로 달려가 돈 번 사람들이 쓴 책이라도 몇 권 사서 그것을 읽는 것부터 시작하라. 몸짱이 되고 싶다면 야채 중심의 식단으로 바꾸고 헬스나 수영을 시작하는 것이다. 경제적인 이유 때문에 불가능하다면 출퇴근을 걸어서 한다든가 매일 20분씩 줄넘기를 해도 된다. 자기계발을 하고 싶다면 성격검사나 적성검사를 통해서 먼저 자기 자신부터 정확히 파악하고, 하고 싶은 것을 찾아 당장 실천하라.

 내일의 인생이 보다 긍정적으로 바뀌기를 희망한다면 당장 실천하는 길밖에 없다. 앞뒤 재느라 망설이지 말고 이제는 실행하는 것이다. 당장 시작한다는 것은 용기와 관련되어 있고 그 용기는 두려움을 극복할 때 불이 번지듯 일어난다.

할 수 있다는 자신감, 해보자는 용기, 그리고 실패를 두려워하지 않고 실패도 성공의 모퉁이 돌이라는 믿음이 합해진다면 반드시 성공할 것이다.

'엉덩이를 붙이고 앉아서는 시간의 모래에 발자국을 남길 수 없다.'

번득이는 아이디어를 갖고도 많은 사람이 실패했다. 그리고 그들보다 못 배우고 경험 없는 사람들이 성공을 거머쥐었다. 왜인가? 그들은 움직였기 때문이다. 내가 생각하고 돌다리를 두드리는 동안, 그들은 아침 일찍 일어나 저녁 늦게까지 정보를 찾고 행동으로 옮기며 시간을 가치 있는 것에 투자하며 살았기 때문이다.

착하고 성실한 어떤 사람이 경제적으로 매우 어려운 처지에 놓이게 되었다. 그는 절망 속에 빠져서 무엇을 어떻게 할지 몰라서 고민에 고민을 거듭했다. 그러던 어느 날 어릴 때 교회에서 기도하던 것이 생각났다. 그는 벌떡 일어나서 하나님께 기도하기 시작했다.

"하나님, 제발 부탁이니 로또복권에 당첨되어서 이 가난을 이기고 폼나게 살게 해주세요."

그 순간 마음이 편안해지고 하나님이 소원에 응답해주실 것이라는 희망에 부풀어올랐다. 그런데 몇 달이 지나도 하나님에게서는 아무런 응답이 없었다. 그의 희망은 빛을 잃고 그의 믿음은 약해졌다. 그는 급기야 하나님을 원망하기 시작했다.

"하나님, 당신이 저를 도와줄 것이라고 믿었는데 어찌하여 아무런 조치도 아니하시고 이렇게 저를 힘들게 놓아두시는 겁니까?"

그 순간 태풍이 몰아치고 광선이 비치면서 벼락 치는 소리와 함께 이런 말이 들려왔다.

"아니, 이 친구야! 도대체 복권이라도 사놓고 기다리든지 말든지 해야 할 것이 아니냐!"

앉아서 이 세상이 나에게 협조해주기를 기다리는 일은 아무 소용이 없다. 오히려 세상은 나를 해치고 원치 않는 방향으로 몰고 갈 수 있다. 세상의 흐름에 맞추려 하지 말고 스스로 세상을 이끌고 가려고 노력하라.

즉시 실행하기 위한 성공전략

1. 즉시 실천하는 데 장애물이 무엇인지 생각나는 대로 적어본다.
2. 장애물 중에 자신이 정말 감당할 수 없는 것이 무엇인지 체크한다.
3. 그것들을 당장 없애버릴 것, 조금 기다릴 것, 방향을 바꾸어서 다시 시작할 것 등 세 가지로 분류한다.
4. 리스트가 완성되었으면 그에 따라 즉시 실행한다.

10
작은 실패를 연습하여
큰 성공을 만들어라

과거에 청계천 상가에서 선풍기 판매업을 하던 친구가 있었다. 그는 고등학생 시절 모두가 대학에 가기 위해 눈에 불을 켜고 공부하는 동안 유유자적하면서 맘껏 청춘을 즐겼다. 대학에 진학하지 않고 사업을 해서 돈을 많이 벌겠다는 계획을 가지고 있었기 때문이다.

아니나 다를까, 그는 졸업하자마자 청계천 상가의 선풍기 가게에 취직했다. 가끔 그 근처에 갈 때마다 그를 찾았지만 그는 너무 바빠서 함께 차 한 잔 하기도 어려울 때가 많았다. 군대 제대 후 그 친구를 다시 찾았을 때 그는 그동안 저축해놓은 돈과 은행 융자, 그리고 부모님의 도움으로 그 가게를 인수하고 본격적으로 사업을 하고 있었다. 그렇지만 가난한 대학생이 오히려 점심을 사주어야 할 정도로 사업에 어려움을 겪고 있었다.

　지금 생각하면 그가 평범하지는 않았던 것 같다. 그토록 어려운 형편이 좀처럼 피지 않는데도, 그는 강태공과 같은 여유로 무엇인가를 기다리고 있는 듯했다. 그러기에 낙담하거나 포기하지 않고 항상 싱글벙글하는 얼굴로 열심히 일했고, 가난한 대학생의 쌈짓돈으로 사주는 점심을 얻어먹는 것도 개의치 않았다.

　그러던 어느 해, 그는 드디어 대박을 터뜨렸다. 너무나 무더웠던 그해 여름, 잔뜩 물량을 확보해뒀던 선풍기가 한 대도 남지 않고 다 팔려나간 것이다. 그것도 모자라 다른 곳에서 선풍기를 구해와서까지 팔았다. 그때 번 돈으로 그는 그동안 무겁게 짊어지고 있던 모든 부채를 갚았다. 가게를 인수할 때 받았던 융자금과 그동안 밀린 외상값까지.

　이 친구의 경우처럼 실패를 거듭해도 용기를 잃지 않고 끈질기게 매달리면 언젠가는 성공한다. 그때의 성공은 과거의 많은 실패들을 보상받고도 남을 만한 것이다. 실패에 맞닥뜨리더라도 의기소침해지거나 낙심하지 마라. 항상 낙관적인 태도와 긍정적 마인드로 무장해서 꾸준히 노력하는 것만큼 중요한 것은 없다.

　물론 인간이 가지고 있는 다양한 욕구 때문에 꾸준히 그런 태도를 유지하는 것은 쉽지 않을 테지만, 그때마다 이끌어줄 수 있는 '실물교육'이 있다면 훨씬 도움이 될 것이다.

　유아들은 스스로는 아무것도 할 수 없는 완전 피동의 상태에서

부모의 돌봄을 받는다. 그러나 그 상태에 만족하여 머물러 있지 않고 끊임없이 성공 지향의 몸부림을 친다. 그것도 전혀 낙심하거나 실망하는 일 없이 계속한다.

누워만 있던 유아들은 시기가 되면 뒤집기를 시도한다. 하다가 힘들다고 짜증내는 일도 없다. 그러다가 어느 날 뒤집기와 배밀이에 성공한다. 그런데 거기서 만족하지 않고 누가 알아주지 않아도 계속해서 일어서는 데 도전한다. 일어섰다 주저앉았다를 젖 먹는 일보다 더 많이 한다.

그처럼 많은 실패를 반복하지만 포기나 좌절은 없다. 드디어 어느 날 일어서지만 그들이 거기에서 만족하는가? 이번에는 한 걸음씩 발걸음을 떼어보려고 한다. 얼마나 많이 넘어지는지 보는 사람이 안쓰러울 정도지만 이때 역시 예의 그 투혼을 발휘한다.

어린 유아의 성공을 향한 끝없는 도전. 이것을 우리의 '실물교육'의 교재로 선택하자. 힘들고 어려울 때, 포기하고 싶은 유혹이 들 때, 당장 해야 하는데 머뭇거리면서 마냥 지연시키고 있을 때, 실패에 대한 두려움으로 엄두를 내지 못할 때, 유아에게 다가가라. 그리고 그들의 실험정신, 도전정신, 용기, 그리고 포기하지 않는 열정을 보고 배워라. 자신 역시 그 시기를 거쳐왔음을 항상 기억하라.

그렇게 함으로써 연습이 되고 그 연습의 결과가 성공이라는 열매로 응답하는 것이다. 많이 넘어지는 아이가 먼저 걸을 수 있듯이, 먼저 시도하고 먼저 실패하는 사람이 먼저 성공의 역사를 이룰 수 있다.

IBM 설립자인 토마스 왓슨은 "성공의 속도를 높이고 싶다면 실패를 두 배로 늘려라"고 말했다. 이 원리가 가장 적나라하게 적용되는 곳이 스포츠의 세계다. 홈런왕이 삼진왕이라는 사실을 부인할 사람은 없을 것이다. 야구 역사상 이름을 남긴 베이비 루스, 행크 아론, 베리 본스 등 많은 홈런왕이 이를 증명한다. 실수하지 않고는 아무것도 이루어낼 수 없기 때문이다. 쉽지 않기 때문에 그만큼 성취가 아름답고 소중한 것이 아니겠는가.

부정과 친구하지 않고 성실을 바탕으로 한 실패는 성공으로 가는 지름길이 되는 셈이다.

✓ **TIP BOX**

즉시 실행하기 위한 성공전략

1. 지금까지 실패했다고 생각되는 일을 모두 적어본다.
2. 실패목록을 분석해 실패에서 배운 점과 개선점 등을 적어본다.
3. 어린아이를 관찰하고 아이에게 배울 수 있는 점을 자신에게 적용시킨다.

11
재테크도 실천력이 병행되어야 한다

'**모**든 사람이 부자가 되기를 간절히 원한다. 그러나 모든 사람이 부자가 되는 것은 아니다.'

자주 듣는 말이다. 그만큼 부자가 된다는 것은 쉬운 일이 아니라는 얘기다. 부자들은 자신만의 노하우와 나름대로의 원칙에 따라서 꾸준히 노력한 사람들이다. 그들처럼 재테크의 원칙을 세우고 그대로 실천한다면, 돈을 모으는 일과 부자가 되는 일이 보다 쉽고 명쾌해질 것이다.

그렇다면 다시 한 번 되새겨볼 재테크의 원칙에는 어떤 것들이 있을까? 재테크와 관련된 책 세 권만 사서 읽어보면 답이 나온다. 재테크 이론은 그것으로 마스터할 수 있다고 해도 과언이 아닐 만큼 재테크 원칙은 복잡할 게 없다. 재테크는 소득을 늘리고 지출을 줄이는 강인한 실천력에서부터 시작된다. 그러고 난 후에야 투자가 이루어지는 것이고, 그때 전문지식이나 전문가의 도움으로 결단력 있는 투자를 하면 된다.

재테크가 목표일 때 빨리 실천하라는 이유는, 빨리 하느냐 늦게 하느냐에 따라 결과에 많은 차이가 있기 때문이다. 늦게 시작할수록 노력 대비 열매가 작기 때문이다.

'소도 언덕이 있어야 비빌 수 있다'고 말하고 싶은가? 비빌 언덕이 없다면 비빌 수 있는 언덕을 만들어야 한다. 그 언덕을 만드는 일이란 바로 먼저 시작하는 것이다. 언덕을 빨리 만들지 않으면 그만큼 등가죽이 많이 까지고 피가 나도록 뛰어야 앞서간 사람을 겨우 따라갈 수 있다.

많은 사람들이 이런 재테크의 원칙을 알면서도 제대로 실천하지 못하여 자산운영에 실패한다. 예를 들어, 평생자산설계를 해보면 평생필요자금을 모으기 위한 가장 효과적인 방법은 소득증대보다 절약을 통한 저축이다. 매월 50만 원을 더 벌어들이는 것보다 매월 50만 원을 절약해 그 돈을 저축하는 것이 더 효율적이라는 말이다. 지출을 줄이면 필요자금이 줄어들고 그만큼의 저축에서 이자수입이 발생하므로, 단순히 소득을 늘리는 것보다 수입효과가 큰 것이다.

그러나 사회생활을 하려면 인간관계도 소중한데 이런 것에 들어가는 비용을 무조건 줄일 수도 없다. 건강관리를 위한 지출 역시 줄일 수 없다. 몸에 큰 병이 온다면 이 역시 더 큰 손해이다. 그렇다고 자녀교육에 대한 지출도 전혀 안 할 수는 없는 일이다.

그러므로 균형 있고 소신 있는 지출계획을 세우는 게 필요하다. 지출을 줄이는 것이야말로 재테크의 가장 효과적인 방법이지만, 자신의 개인적인 욕망을 포기해야 하는 큰 대가를 치러야 한다.

재테크를 위해 지출을 줄이더라도 절대 자기관리나 자기성장을 위한 투자를 멈추어서는 안 된다. 젊은 시절 자신에 대한 투자야말로 가장 훌륭한 재테크이기 때문이다. 자기성장을 통해서 가치를 높이고 전문성을 확보한다면 결과적으로 많은 수입이 따라오기 때문이다.

그러나 이 경우에도 재테크의 기본원칙은 여전히 적용된다. 왜냐하면 아무리 많이 벌어도 수입보다 지출이 많으면 가난을 면할 수 없기 때문이다.

목표가 확실하게 정해졌다면 그 계획에 맞추어서 의지를 갖고 꾸준히 실천하는 노력이 필요하다. 이러한 기본적인 원칙들을 지켜나간다면 성공 재테크가 결코 난공불락의 요새는 아니다. 작은 실행을 하나둘씩 쌓다 보면 언젠가는 그 성을 함락시킬 수 있을 것이다.

✓ TIP BOX

즉시 실행하기 위한 성공전략

1. 재테크를 계획한 후 면밀하게 검토한다.
2. 연령별, 시기별로 계획을 세운다.
3. 모을 것인지, 투자할 것인지, 있는 자금을 지킬 것인지를 계획한다.
4. 계획이 세워졌으면 할일을 목록으로 작성해 우선순위를 정한다.
5. 순서에 따라서 하나씩 실천한다. 당장 안 되는 것은 체크하고 다음 계획을 실천한다.
6. 넘어간 것을 수시로 우선순위에다 놓고 다시 실천하려고 노력한다.

12
사람들을
찾아 나서라

사람은 누구나 다른 사람에게 도움을 줄 수 있는 능력을 가지고 있다. 뿐만 아니라 누군가에게 도움을 받아야만 하는 존재이기도 하다. 이를 부정하는 사람은 거의 없을 것이다. 물론 사람이 싫고 혼자서 모든 것을 스스로 할 수 있다고 말하면 할 말은 없다. 그러나 그런 것이 결코 정상적이지 않다는 것을 아는 것은 그렇게 어려운 일이 아니다. 그렇다면 답은 명확하다. 그들을 찾아라. 그리고 그들과 함께 성공하라.

먼저 당신을 찾아와 무엇인가를 가르쳐주고 돕는 사람은 거의 없다. 학생일 때에는 지긋지긋한 잔소리로만 생각했지만 그런데도 절대 멈추지 않는 스승들의 가르침이 있긴 했다. 그러나 그것은 어느새 아련한 추억이 되었다. 냉혹한 사회생활에 발을 내디딘 다음에는 그런 경우가 거의 없다. 누가 나를 찾아와서 사랑해주고 가르쳐주려고 한단 말인가?

그런 일이 전혀 없는 것은 아니라 해도, 그런 행운을 기다리고만 있다는 것은 스스로 실패를 기다리고 있는 것과 별반 다르지 않다. 그러니 가만히 기다리지 말고 먼저 찾아나서라. 이 경우에도 스스로 행동해야만 한다. 당신의 주위 사방에 흩어져 있는 사람들에게 다가가야 한다.

먼저 가족들에게 사랑한다고 말하라. 함께 식사를 하면서, 명절에 만나서, 기쁨의 자리를 함께 하라. 친구들을 만나라. 메일을 보내고 전화를 하라. 부재중이라면 인사를 녹음으로 남기고, 다른 사람이 전화를 받으면 메모를 남겨라. 선배나 후배들에게 부탁하고 격려하라. 이웃들에게 다가가라. 먼저 인사하고 안부를 전하라.

이런 일은 자신의 성격에 맞지 않다고 느낄 수도 있다. 내성적인 성격이라서 다른 사람에게 다가가는 것 자체가 불편하다고 느낄지도 모른다. 그리고 이런 일을 한 번도 한 적이 없었기 때문에, 스스로 혹은 다른 사람들이 어색해 할 것이라는 걱정이 앞설 수도 있다.

그러나 그렇다고 해서 다른 사람들과 관계를 진전시켜 나가려는 노력을 하지 않는다면, 당신은 성공하기 어렵다는 사실에 부딪쳐야 한다. 왜냐하면 다른 사람들과 관계없이 혼자 성공할 수는 없기 때문이다. 성공은 사람들을 동반한다. 그들은 당신의 성공에 큰 힘이 되어줄 것이다. 때문에 계속 다가가는 전략이 최선이다.

다른 사람들을 찾아감으로써 당신이 얻게 될 결과를 기억하라.

찾아가는 부담이나 할 수 없을 것이라는 두려움, 그리고 그로 인해 나도 모르게 내면에서부터 올라오는 차가운 냉기……. 이런 것들이 당신을 꽁꽁 묶어두고 있을지도 모른다.

그러나 이런 두려움보다 더 절박하고 중요한 무엇인가가 당신의 인생에 있다. 바로 당신의 이루고 싶어 절절히 원하는 '꿈과 목표'다.

성공한 사람들은 자신들이 원하는 것에 도달하는 사람들이다. 물론 그들에게도 거절당하고 무시하는 듯한 상대의 시선과 만나는 것은 두려운 일이다. 그러나 그들은 그들의 꿈과 목표가 그만큼의 가치가 있다고 믿는다. 그래서 그 두려움을 이겨내었다.

이제 필요한 것은 당장 당신의 '관계명단'을 만드는 일이다. 당신의 삶에 영향을 미칠 사람은 두 종류로 나눌 수 있다. 첫째는 그들이 필요로 하는 무언가를 당신이 가지고 있음을 이미 알고 있는 사람들, 그리고 둘째는 그들이 필요로 하는 무언가를 당신이 가지고 있다는 것을 아직 모르는 사람들이 있다. 관계명단을 만들 때 참고할 만한 사항이다.

관계명단을 만들 때 또 하나 기억할 것은 '관계의 법칙'이다. 이는 지구상의 모든 사람들은 4명을 건너면 모두 연결되어 있다는 것이다. 즉, 당신은 당신이 알고자 하는 사람을 4사람만 거치면 다 알게 된다는 말이다.

당신의 '관계명단'에 당신의 친척들이 포함될 수도 있다. 이웃, 친구, 신문배달부, 정원사, 의사, 단골손님, 헤어디자이너, 집주인, 의사, 변호사 등등이 포함될 수도 있다. 아무튼 그 명단은 대체로 150명 정도는 될 것이다. 이 수는 사람이 죽으면 애도하기 위해 오는 사람들의 수가 평균 150명 정도라는 사실에서 나온 것이다. 이는 사람이 평균 150명 정도의 사람과는 관계를 만들 수 있다는 것을 의미한다.

　이제 당신의 집에서 나와라. 당신의 차에서 내려라. 전화기를 집어 들고 번호를 눌러라. 그리고 인사를 나누고 그들의 대답을 기다려라. 온갖 두려움은 허상에 불과하다. 두려움에 실체가 있는가? 두려움은 안개와도 같다. 안개는 해가 뜨면 사라지고 만다. 두려움은 당신이 행동하기를 시작한다면 사라질 것이다. 그러니 이제 당신의 꿈과 목표를 향해 나아가라.

　성공은 항상 어딘가에서, 어떤 순간에, 누군가와 함께 시작한다. 그러나 그게 어딘지, 언제인지 알 수가 없다. 이것은 결국은 사람이 하는 일이다. 그러니 당신은 반드시 사람들이 있는 곳으로 가야 한다.

✓ TIP BOX

즉시 실행하기 위한 성공전략

1. 인간관계의 중요성을 기억하라.
2. 관계명단을 만들라.
3. 지금 당장 그들을 찾아나서라.

13
강한 의지와
열정을 가져라

인생을 살아가는 과정에는 반드시 문제가 도사리고 있다. 어떤 문제는 조금만 관심을 가지면 간단히 해결할 수 있다. 하지만 때에 따라서는 아주 감당하기가 어려운 문제가 다가올 수도 있다. 이런 크고 작은 문제를 어떻게 해결하느냐에 따라 성공과 실패가 결정된다. 그러므로 문제를 어떻게 대하고 어떻게 해결하느냐 역시 중요한 일이다.

그렇다면 문제를 해결하려고 할 때 가장 중요한 것은 무엇일까? 무엇보다 중요한 것은 문제를 해결해야겠다는 강력한 의지와 열정이다.

외국계 기업들에서는 신입사원을 뽑을 때 지원자의 신념과 열정에 특히 주목한다. 이들 기업의 인사담당자들의 말을 들어보면 그들이 신념과 열정을 얼마나 중요하게 생각하는지 알게 된다.

"우리 회사에서는 무엇보다 삶과 일에 대해 열정을 가진 사람을 원합니다. 열정을 가지고 일하는 사람이 회사의 목표도 달성할 것이라고 보기 때문입니다." (○○○코리아 인사부 이사)

"특히 외국계 기업들이 도입하고 있는 인턴십에서는 문제해결 능력을 가장 중요시하고 있습니다." (모기업 인력개발본부 과장)

흔히 우리는 스스로 해보려는 어떤 시도도 하지 않은 채 "난 못한다"는 패배감에 갇히는 경우가 많다. 문제해결에 대한 의지를 스스로에게도 보이지 못한다. 이유가 뭘까?

이것은 대부분 습관에 기인한다. 문제를 인식하고 그것을 스스로 해결한 경험이 거의 없으므로, 문제와 맞닥뜨렸을 때 그것을 해결하겠다는 의지를 갖지 못하고, 타인에게 의지하거나 문제가 비켜가기를 기다리는 것이다.

이런 사람들은 부모나 경영자가 문제를 해결할 거라고 기대하거나, 문제를 피할 수 있는 방법을 먼저 찾는다. 카드빚을 지고 노숙자기 된 상황에서도 빚을 갚으려고 노력하기보다는 안 갚을 수 있는 방법에 골몰한다. 인터넷 카페까지 운영하면서 그 방법에 대한 정보를 서로 교환하기까지 한다.

정부를 탓하기도 한다. 물론 정부가 책임질 부분은 분명 있다. 그러나 정부만 믿고 있다는 것 자체가 문제해결의 의지가 있다고 볼 수 없다. 자기가 주체가 아니라 정부가 주체가 되기 때문이다. 문제

해결의 의지는 오직 자기 자신이 100% 책임을 지는 것에서 시작되는 것이다.

문제해결의 열쇠는 의지이고 열정이고 믿음이다. 해결되지 않는 문제가 있을까? 해결하지 않으려는 사람이 있을 뿐 해결되지 않는 문제는 없다. 문제라는 인식 속에 이미 그 해결방법이 포함되어 있기 때문이다. 그런데도 해결되지 않는 문제는 그것을 해결하려는 열정이 부족하기 때문이다.

당신은 의지와 열정을 가지고 있는가? 당신이 진정으로 원하는 것은 무엇인지 생각해보라. 당신은 그 원하는 것을 위해 얼마까지 참을 수 있고, 얼마나 투자할 수 있고, 얼마나 시간을 쓸 수 있고, 얼마나 자존심을 꺾을 수 있는지 생각해보라.

1994년에 나온 〈포레스트 검프〉라는 영화의 주인공 포레스트 검프는 IQ가 75에 몸까지 불편해 걷기 위해서는 보조장치에 의존해야 했다. 자식을 위해 모든 것을 희생하는 어머니의 사랑을 받으며 자라지만 그는 늘 외톨이였다. 하지만 초등학교에 다니면서 그를 진심으로 대해주는 제니라는 친구를 만나게 된다.

어느 날 검프를 괴롭히는 학생들이 자전거를 타고 그를 쫓아온다. 그 모습을 본 제니가 "도망쳐"라고 외치자 검프는 양쪽 다리에 보조장치를 찬 채 뛰기 시작한다. 쫓아오는 자전거를 피해 도망가기 위해 그는 최선을 다해 뛴다.

정신없이 뛰는 사이 보조장치의 나사가 풀리고 분해되어, 결국 모두 떨어져 나가고 만다. 하지만 검프는 멈추지 않는다. 오히려 더욱 최선을 다해 달린다. 그러는 사이 다리에 힘이 들어가고, 보통 사람보다, 심지어 뒤쫓아오는 자전거보다 더 빠르게 달리게 된다.

이후 검프는 파란만장한 미국 현대사의 산증인이 된다. 베트남 전쟁에 참전하여 동료들을 구해내는 공을 세워 대통령에게 훈장을 받기도 하고, 탁구선수가 되어 미국 탁구팀의 중국 방문 경기에 참가하기도 한다. 군대 동료 부바의 유언에 따라 군대 상사 댄과 함께 새우 잡이 사업을 벌이고 애플 컴퓨터에 투자해 백만장자가 되기도 한다.

물론 이것은 영화 이야기일 뿐이다. 하지만 여기에서 우리는 중요한 교훈을 얻을 수 있다. 포레스트 검프는 자신의 한계를 어떻게 극복하였는가? 그는 문제에 직면했고, 그것을 해결하기 위한 강한 의지를 보였고, 열정을 다해 노력했다. 그가 뛸 때 관객들은 감탄한다. 좌절할 때 탄식한다. 그리고 그의 의지와 열정에 박수를 보낸다.

당신은 지금 어떻게 하고 있는가? 문제를 해결하지 못해 고뇌에 싸인 채 깊은 밤을 보내고 있거나, 어둠침침한 조명 아래서 술잔을 기울이며 스스로를 한탄하고 있지는 않은가?

문제는 해결하라고 있는 것이다. 다시 한 번 강조하지만, 해결책은 문제라는 인식 속에 이미 드러나 있다. 당신이 문제해결의 주체가 되는 일만 남았을 뿐이다. 당신이 주체가 될 때 문제는 완벽하고 부작용 없이 해결된다.

어떤 문제든 해결할 수 있다는 의지를 가져라. 뜨거운 열정이 온몸을 감싸도록 하라. 그리고 실행하라. 실행의 능력을 믿으면 문제는 해결된다. 그리고 그 다음은 성공이 따라온다.

즉시 실행하기 위한 성공전략

1. 당신의 성공을 막고 있는 것들이 무엇인지 모두 적어본다.

2. 적은 것을 보며 그것이 문제인 까닭과 그것의 해결방법을 찾는다.

3. 이것을 해결할 사람이 자신뿐임을 스스로에게 반복해서 주지시킨다.

4. 이제 바로 문제를 해결한다.

14
다른 사람과 함께 성공하라

뉴욕 전화국에서 사람들이 어떤 말을 가장 많이 쓰는지 조사해보았더니, "나"라는 말이었다고 한다. 또 5,000번의 대화 가운데 3,999번이 '나'에 대한 이야기였다고 한다. 이처럼 우리는 나만을 먼저 생각하는 이기적인 세상에 살고 있다. 많은 사람들이 자기만, 자기 가족만 잘먹고 잘살면 된다는 생각을 가지고 있다. 남을 못살게 해서라도 자기만 잘살면 된다는 생각을 가진 사람도 적지 않다.

그러나 이렇게 해서 잘먹고 잘살게 된다면 정말 행복할 수 있을까? 진정한 성공을 이루었다고 할 수 있을까? 참으로 성공한 사람은 자신은 물론 다른 사람의 행복까지 다치지 않게 보호한 사람들이다. 다른 사람과 더불어 성공한 사람들이다. 다시 말해, 남을 사랑하는 길이 자기를 가장 사랑하는 길임을 아는 사람들이 마침내 성공하게 된다는 것이다.

미국의 자동차왕 헨리 포드에게 어떤 사람이 "어떻게 해서 그렇게 성공하고 돈을 많이 벌었느냐?"고 묻자 그는 이렇게 대답했다고 한다.

"가장 값싸고, 가장 편안하고, 가장 안전한 차를 고객들을 위해 만들려고 노력했기 때문입니다."

많은 돈이 아니라 고객이 사업의 최우선 목표였다는 것이다. 돈은 그 뒤를 스스로 따라왔을 뿐이다.

강철왕 카네기에게 어느 신문기자가 묻기를 "당신의 재산이 다 없어지면 어떻게 하겠습니까?" 하고 물었더니 그는 이렇게 대답했다.

"다시 한 번 모든 사람들에게 유익한 길을 찾으면 됩니다."

알베르트 슈바이처는 어려서부터 피아노 연주를 좋아해 오르간 연주가로 활동하면서 오르간 개량에 기여했고, 대학에서는 신학과 철학을 전공해 철학박사 학위를 받았다. 그러나 30세가 되었을 때 아프리카의 흑인들이 의사가 없어 고통을 당한다는 사실을 알고 의학공부를 시작해 40세가 넘은 나이에 의학박사가 된다. 그리고 가봉 랑바레네로 가 의료 봉사활동을 시작한다.

아프리카로 간 그는 질병에 시달리는 사람들의 손발이 되어 상처를 닦고 싸매고 치료하면서 생활한다. 제1차 세계대전으로 포로가 되어 감금되면서 유럽으로 돌아온 그는 유럽 전역을 돌면서 연주회를 열고 철학과 신학 강연을 하였으며, 아프리카에서의 생활에 대한 책을 출간하고 그에 대해 강연하기도 했다.

그리고 7년 만에 다시 랑바레네로 가서 봉사활동을 재개하였고 온갖 어려움을 극복하면서 큰 병원을 세웠다. 노벨평화상과 함께 받은 거액의 상금 역시 병원을 짓고 약을 사고 환자를 치료하는 데 썼다. 사람들은 지금도 그를 '20세기의 태양'이라고 부른다.

유명한 일본 소설 《빙점》의 저자 미우라 아야코는 결혼 후 구멍가게를 운영하는 평범한 여인이었다. 특별한 상술이 있었던 것도 아니었지만, 그 가게는 운 좋게도 장사가 잘 되었다. 팔 물건을 매일 트럭으로 떼와야 할 정도였다. 그렇게 장사가 잘되니 그녀에게 걱정이 생겼다. 그것은 많은 자금을 투자해서 문을 연 다른 가게들에 대한 것이었다.

이 걱정을 해소하기 위해 그녀는 자신의 가게에 있는 물건의 수를 줄이기로 했다. 비누를 사러온 손님에게 "우리 가게에는 없지만 저쪽 가세로 가면 있을 겁니다" 하는 식으로 손님을 돌려보낸 것이다. 그러고 나니 매출이 줄고 자연히 시간은 남게 되었다.

이제 다른 걱정이 시작되었다. 남는 시간에 무엇을 하면 좋을까? 그녀는 글을 써보고 싶다고 생각했다. 그때부터 그녀는 책방에 가서 글 쓰는 법에 관한 책들을 샀고 읽기 시작했다. 그리고 글을 썼다. 그렇게 탄생한 것이 바로 《빙점》이다.

그녀가 오직 자신만을 위해 가게 경영을 계속했다면 어떻게 되었을까? 평생 구멍가게 아줌마로 살았을 것이다. 물론 큰 상점의 주인이 되었을 수도 있다. 그러나 그녀는 다른 사람을 생각하였고, 그 결과 구멍가게를 통해 얻는 수입보다 훨씬 더 많은, 그 전에는 상상할 수도 없었던 돈을 벌었다. 그리고 유명 소설가로 살았다.

외식문화가 발달하면서 하루에도 수많은 식당들이 생기고 있다. 메뉴도 다양해져 전에는 알지도 먹어보지도 못한 음식들이 계속해서 개발되고 있다. 대박이 나 손님들의 발길이 끊이지 않는 식당들도 많이 생겨나고 있다. 그러나 한편에서는 하루에도 수많은 식당들이 사라진다. 이유가 뭘까?

사람들의 발길이 끊이지 않는 데에는 여러 가지 이유가 있겠지만, 반찬을 아까워하지 않는 식당, 손님을 반갑게 맞이해주는 식당, 손님을 함부로 대하지 않는 친절한 식당에 사람들이 몰리는 건 당연하다. 게다가 가격까지 저렴하다면 금상첨화가 된다.

이 간단한 원리를 모르고 조금 더 남기겠다고 단무지 3조각, 깍두기 4개를 주고, 더 원하는 손님들에게 인색하게 대한다면 손님 대신에 파리 떼가 들끓게 되는 것이다. 지금은 조금 손해 보는 것 같아도 손님들을 기분 좋게 하는 식당이 장기적으로 돈을 벌게 되어 있다는 것이다.

1985년 에티오피아는 세계 각국에 자국의 궁핍한 실상을 공개했다. 경제상황은 파탄 직전이었고 수년간 이어진 가뭄과 내전으로 생필품은 바닥이 났고, 수천 명의 국민들이 질병과 굶주림으로 죽어가고 있었다. 이런 사실이 알려지자 세계 많은 나라에서 에디오피아 국민들을 위해 구호품과 구호금을 보냈다.

그런 상황에서 놀라운 일이 일어났다. 에티오피아의 적십자 회원들이 그 해에 멕시코시티에서 발생한 지진의 희생자들에게 5,000달러의 구호금을 보내기로 결정한 것이다. 멕시코가 그 절망적인 나라에 5,000달러의 구호금을 보냈다 해도 그리 놀라운 일은 아닌 상황이었다. 그러나 구호금을 보낸 나라는 에티오피아였다.

《설득의 심리학》의 저자 로버트 치알디니는 이 사실을 알고 무척 놀랐다고 한다. 그런데 알고 보니 에티오피아가 자국의 절박한 상황에도 불구하고 멕시코에 구호금을 보낸 데에는 이유가 있었다고 한다. 1935년 에티오피아가 이탈리아의 침략을 받았을 때 멕시코가 원조를 보내준 적이 있었다는 것이다. 치알디니는 이런 심리를 '상호성의 법칙'으로 설명하였다.

상호성의 법칙은 상술로 이용되기도 한다. 호의를 베풀면 호의로 되갚아야 한다는 심리가 마치 의무처럼 생기게 된다는 것이다. 히지만 저명한 문화인류학자인 리키는 인간을 인간답게 만드는 가장 중요한 요소로 '상호성의 법칙'을 꼽는다. 그는 인간이 인간답게 된 것은 인류의 조상들이 지식과 기술을 서로 나누는 방법을 습득하였기 때문이라고 말한다. 이는 '의무의 완수'에서만 가능하였다고 한다.

성공하기 위해서는 다른 사람을 먼저 생각하고 나누며 살아가야 한다. 나누는 방법의 습득이 인류가 생존하고 번성하게 만든 요인인 것처럼, 나누고 살아가는 게 내가 성공하는 길임을 기억하라. 당신과 다른 사람의 성공이 다르지 않음을 기억하라.

> **✓ TIP BOX**
>
> **즉시 실행하기 위한 성공전략**
>
> 1. 살아오는 동안 다른 사람으로 인해 진심으로 기뻤던 순간을 떠올려 본다.
> 2. 다른 사람을 진심으로 기쁘게 했던 적이 있었는지 생각해본다.
> 3. 다른 사람을 위해 지금 당장 할 수 있는 일들을 생각해본다.
> 4. 바로 실행한다.

제4장

실행하는 사람은 뭔가 다르다

삶에 있어서 의미 있는 변화는 결코 획기적인 사건을 통해서 찾아오는 게 아니다. 어느 날 갑자기 누군가 나타나 성공의 열쇠를 던져주는 것도 아니다. 일상을 통해 당신 의식에 형성된 습관들의 힘, 그것이 바로 성공의 열쇠이다.

01
성공하는 습관, 실패하는 습관

우리는 매순간 결정을 내리지만, 대부분의 경우 그 결정은 의식적이라기보다는 무의식적인 것이다. 음식을 먹을 때도 숟가락으로 음식을 떠서 입으로 가져가 씹지만, 사실 손과 입은 뇌에 입력된 정보에 의해 기계적으로 움직이고 있을 뿐이다. 우리는 흔히 모든 일에서 자신이 판단하고 결정을 내린다고 생각지만, 이처럼 음식을 먹는 단순한 행위 하나도 의식적인 결정이 아니라 지금까지 살아오는 동안 무의식에 입력된 수많은 바코드의 지배를 받고 있다.

무의식에 입력된 바코드를 우리는 '습관'이라고 한다. 습관은 하루아침에 생기는 것이 아니다. 습관이 형성되기 시작한 것은 우리가 기억할 수조차 없는 아주 어릴 때이다. 그리고 그것은 전 생애에 걸쳐 형성되고, 점점 더 견고하게 굳어진다. 그래서 연륜과 경험이 쌓일수록 습관은 강하게 인성에 자리하게 되고, 대신 변화를 수용할 수 있는 유연성은 그만큼 적어지는 것이다.

이처럼 일단 한번 형성된 습관은 우리가 상상하는 이상으로 강한 힘을 갖는다. 그리고 그 강한 힘 때문에 습관은 '어떤 자세로 살아갈 것인가?'라는 삶에 대한 근본적인 질문에 결정적인 답을 제공해준다. 즉, 살아가면서 양질의 유익한 정보를 계속 무의식 속으로 받아들여 그것이 삶 속에서 실천되도록 해야 한다는 것이다. 이렇게 함으로써 좋은 습관을 갖게 되고 그 힘은 삶을 성장시키는 원동력이 될 수 있다.

그렇다면 습관을 바꾸는 방법은 무엇인가? 습관은 '반복'을 통해 형성된다. 따라서 '반복'만이 이미 형성된 습관을 바꿀 수 있다. 일을 미루는 습관을 버리고, 스스로에게 유익한 정보를 계속 입력하고 행동으로 옮기기를 반복하라. 그것이 익숙해지면 새로운 습관으로 당신에게 자리 잡게 된다. 이후부터는 의도적인 노력 없이도 자신도 모르게 행동으로 옮길 수 있게 된다.

뭔가를 해야 한다는 강박관념에서 비롯되는 행동은 부자연스러울 수밖에 없다. 예컨대 친근한 미소와 함께 스스럼없는 악수가 의도하지 않아도 자연스럽게 나온다면, 순조로운 인간관계가 이루어지는 건 당연한 일이다.

나아가 독서습관, 원칙에 충실함, 공감과 배려, 용기, 긍정적 태도, 우선순위 확보, 시간관념 획득, 계획적인 지출, 순리에 맞는 일처리와 같은 중요한 자질이 몸에 배어 습관으로 자리 잡는다면 삶은 저절로 성공적인 방향으로 흐르게 된다.

삶을 실패로 이끄는 습관, 성공으로 이끄는 습관은 분명 따로 있다. 따라서 삶을 성공으로 이끄는 귀한 덕목들을 자신의 것으로 만드는 것은 성공적인 삶을 살기 위한 중요한 열쇠이다. 그리고 그것을 제2의 천성으로 만들기 위해서 필요한 것은 반복적인 연습뿐이다.

군대에서는 매일 구보를 한다. 그것은 전쟁시 군인이 수행해야 할 임무를 위한 가장 기초적인 훈련이기 때문이다. 군인들이 매일 이런 훈련을 하는 것 역시 바로 습관이 그만큼 중요하기 때문이다.

당신이 매일 반복하고 있는 것은 무엇인가? 그것은 차곡차곡 쌓여서 무의식 속의 바코드가 되었다가 자신도 모르는 순간 행동으로 튀어나올 것이다.

당신은 어떤 행동을 하며, 그 결과는 어떤 모습인가? 실패하고 상처 입은 낙오자의 모습인가, 그렇지 않으면 일상 속에서 내면의 고요함과 평화로움을 지닌 행복한 성공인의 모습인가?

삶에 있어서 의미 있는 변화는 결코 획기적인 사건을 통해서 찾아오는 게 아니다. 어느 날 갑자기 누군가 나타나 성공의 열쇠를 던져주는 것도 아니다. 일상을 통해 당신 의식에 형성된 습관들의 힘, 그것이 바로 성공의 열쇠이다.

이제 자신에 대해 냉정한 평가를 내려보자. 무형적 자산과 유형적 자산의 목록을 만들어보자. 그리고 그 자산이 어떻게 현재의 자신을 한 단계 발전시킬 수 있는지를 생각해보자. 자신을 성장시키기 위한 자질들이 당신의 습관으로 자리 잡고 있는가? 만약 그렇지 않다면 습관을 만드는 그때까지 당신은 반복을 멈추지 않아야 한다.

✓ TIP BOX

실행하는 사람으로 거듭나기 위한 성공전략

1. 유형의 자산(부동산, 동산 등)과 무형의 자산(지식, 정서, EQ, NQ, 인간관계 등)의 목록을 작성하여 본다.
2. 목록을 보면서 자신에게 부족한 자산이 무엇인지 확인하고, 그것을 갖추기 위한 행동방식을 찾아 적는다.
3. 이제 적은 대로 실행한다. 자신이 가진 유·무형의 자산이 늘어나고 성공적인 인생으로 이끄는 습관들이 몸에 익을 때까지 반복한다.

02
다른 사람과 협력하는 방법을 익힌다

최근에 '동호인 주택'이 늘고 있다고 한다. 동호인 주택이란, 글자 그대로 같은 취미를 가진 사람들이나 직장동료를 비롯해 아는 친구들끼리 함께 살기 위해 지은 집을 말한다. 이렇게 집을 함께 지으면 땅은 물론이고 설계나 자재구입 등 모든 것을 함께 나누므로 집 짓는 데 발생하는 비용을 상당 부분 절약할 뿐만 아니라, 동호인을 이웃으로 둘 수 있다. 이런 장점 때문에 동호인 주택은 도시의 연립주택이나 근교의 전원주택 등에서 크게 유행하고 있다.

그러나 막상 집을 짓는 과정에서 사사건건 뜻이 맞지 않아 결국에는 없었던 일이 되어버리는 경우도 비일비재하다고 한다. 그렇게 되면 경제적인 손실은 제쳐두고라도 오랜 세월 맺어온 인간관계까지 망가지고 만다.

현실적으로 여러 사람이 협력하여 뜻을 하나로 모으기란 쉽지 않다. 그러나 이는 협력방법이나 하나가 됨으로써 얻을 수 있는 놀라운 결과를 제대로 인식하지 못하는 데서 오는 편견과 부작용일 뿐이다.

실제로 우리는 여러 사람이 힘을 모아 얻을 수 있는 이득이나 노하우, 성공사례들을 접할 기회가 많지 않았다. 오히려 다른 사람들과 함께 일하는 것은 쉽지 않은 일이며 잘못 하다간 좋은 관계에 금이 가기 십상이라는 부정적인 얘기들을 더 많이 들어왔기 때문에, 남들과 얽히는 것을 겁내곤 한다.

그러나 분명한 것은 여러 사람이 힘을 모으면 혼자서는 생각지 못하는 위대한 아이디어가 나온다는 사실이다. 그뿐만이 아니다. 여러 사람이 힘을 모으면 한 사람 한 사람이 발휘하는 힘이 배가된다. 시너지 효과가 나타나기 때문이다.

그렇다면 갈등을 피하면서 힘을 합칠 수 있는 뾰족한 방법은 없는 것일까? 보통, 사람들이 갈등을 일으키거나 잡았던 손을 놓는 것은 서로 생각과 판단이 다르기 때문이다. 바로 그 '다름' 혹은 '차이'가 문제의 원인이 되는 것이다.

그런데 한편으로는 위대한 아이디어와 시너지 효과 역시 이 '차이'에서 비롯된다. 위대한 아이디어와 시너지 효과는 상대와 자신이 다르다는 것을 인정하고 협력하는 것만이 끌어낼 수 있는 놀라운 장점인 것이다. 서로 협력하는 과정에서 자신의 한계를 뛰어넘는 몇 배의 능력을 폭발시키는 가능성을 발견하게 되기 때문이다.

따라서 우선 자신과 상대방이 서로 다르다는 사실을 있는 그대로 받아들이고자 노력해야 한다. 이 사실을 인정할 때 갈등을 해결하기 위한 노력을 기꺼이 할 수 있고, 그 과정에서 혼자서는 생각해낼 수 없는 대안과 해결책이 나오는 것이다.

어느 나라에 특별한 보물을 가진 삼형제가 살고 있었다. 첫째는 무엇이든 볼 수 있는 망원경을 가지고 있었고, 둘째에게는 어디든 날아갈 수 있는 양탄자가 있었다. 그리고 막내가 가진 것은 어떤 병이든 고칠 수 있는 약이었다.

어느 날 첫째는 망원경을 통해 그 나라의 공주님이 죽을병에 걸렸다는 사실을 알았다. 그리고 임금님이 누구든지 공주의 병을 고쳐주기만 하면 공주와 결혼시켜 부마로 삼겠다고 말하는 장면도 망원경을 통해 보았다. 첫째는 형제들에게 이 사실을 말했다. 그러자 둘째는 자신이 가진 양탄자에 형과 아우를 태우고 왕궁으로 날아갔다. 그리고 셋째는 자신이 가진 약을 공주에게 주어 공주의 병이 낫게 하였다.

이제 이들 삼형제 가운데 누가 공주와 결혼해야 할까? 이야기는 막내가 공주와 결혼하는 것으로 끝난다. 하지만 결말과 상관없이 이 이야기는 우리에게 아주 소중한 교훈을 일깨워주고 있다. 신은 우리 인간에게 각각 다른 재능과 능력을 주셨다. 따라서 그 힘을 합치면 우리에게 주어진 어떤 어려운 문제도 해결할 수 있으며, 불가능하다고 여겼던 많은 일들이 가능해진다.

생각해보자. 자신과 다르다는 이유로 협력으로 얻을 수 있는 보물을 포기한 적은 없는지, 아예 처음부터 힘을 합치기를 거부하거나 시도조차 해보지 않은 것은 아닌지, 하나되는 과정 중에 겪게 되는 갈등을 해결하려는 노력은 해봤는지, 자신의 부족함과 모자람을 알면서도 혼자서 해결하는 것이 자존심이고 일종의 능력이라고 생각한 적은 없는지…….

이제부터는 '하이파이브'를 행동으로 옮기자. 각기 다른 두 생각과 삶이 만나 손바닥을 부딪칠 때처럼 큰 소리를 만들어보자. 겸손하게 '하나됨'으로 말미암아 받을 수 있는 신의 은총을 누려보자.

실행하는 사람으로 거듭나기 위한 성공전략

1. 자신과 목표가 같은 사람들에게 마음을 열고 의견과 생각을 공유한다.
2. 그들과의 네트워크를 형성한다.
3. 자신의 장점을 개발해 네트워크 내의 사람들에게 도움을 주고, 반면 단점은 네트워크를 통해서 극복해간다.

03
상대에게 마음을 열고 진심으로 대한다

좋은 인간관계를 만들기 위해 가장 좋은 방법은 상대방을 있는 그대로 인정해주는 것이다. 물론 상대방의 좋은 점을 칭찬하고 나쁜 면을 적절한 방법으로 코칭해주는 것도 바람직한 관계이지만, 무엇보다 상대방의 본모습을 인정하고 존중하는 것이 중요하다.

에리히 프롬의 유명한 저서 ≪사랑의 기술≫은 우리에게 또 하나의 단서를 제공해준다. 그는 이 책에서 '당신이 필요해서 당신을 소중하게 여깁니다'라는 얘기는 잘못된 것이며, '당신이 소중하기 때문에 나에게 당신이 필요합니다'가 바른 고백이라고 말하고 있다.

사람들은 흔히 사랑한다는 고백을 받은 이후에도 그 말이 상대의 태도나 행동으로 드러나기를 목말라한다. 이유가 무엇일까? 사랑을 고백하는 상대방의 눈빛을 기억해 보라. 어쩌면 우리가 바라는 것은 "사랑한다"는 백 마디 말보다 애정 어린 눈길인지 모른다. 빛나는 눈빛이 "나는 너로 인해 행복해"라고 말하고 있다면, 그보다 더 기쁜 일은 없을 것이다. 사랑은 눈으로 태도로 행동으로 고백하는 것이다. 말은 그것을 확인시켜줄 뿐이다.

강압적인 아버지 때문에 가출한 아들이 있었다. 그는 감옥과 같은 집을 뛰쳐나가, 주유소에서 아르바이트를 하고 밤에는 고시원에서 숙식을 해결하고 있었다. 아들의 행방을 수소문한 후, 애가 탄 어머니가 필자를 찾아왔다. 그녀는 남편과 아들 사이에서 마음고생이 이만저만이 아니었다.

어린 시절부터 장손으로 자란 남편은 마음먹은 일은 뭐든지 이루고야 마는 강한 의지와 독립심 덕분에 자수성가할 수 있었다. 그러나 그것이 아들에게는 숨 막히는 짐이었고, 결국 아버지의 일방적인 요구와 강요는 아들의 반항심만 키워놓았다.

아들은 집을 뛰쳐나가기 전에 아버지와 심한 말다툼을 하며 "나는 단 한순간도 행복했던 적이 없었어요"라고 울부짖었다고 했다. 부모의 마음이 얼마나 찢어졌을지는 자식을 둔 부모라면 헤아리고도 남을 것이다.

그날 이후 어머니는 아들을 찾아 서울 시내를 뒤지고 다녔다. 아들이 만날 만한 친구도 모조리 만났고 아들이 남긴 메모와 전화번

호 등 단서가 될 만한 것들은 무엇이든 찾아 확인했다. 결국 아들이 아르바이트를 하고 있는 주유소와 기거하는 고시원을 알아내는 데 성공했지만, 강압적인 남편과 예민한 아들의 마음을 어떻게 돌려놓아야 할지 몰라 필자를 찾아온 것이다. 그녀는 필자의 권유대로 남편을 설득해 남편과 함께 다시 필자를 찾아왔다.

필자의 처방은 간단했다. 가족 앨범에서 아들이 가장 행복해하는 모습이 담긴 사진 두 장을 찾아, 아들 몰래 고시원 책상에 붙여놓고 오라는 것이었다. 많은 말보다 마음을 전하는 것이 효과적이라고 믿었기 때문이다.

아버지는 가족앨범을 뒤지기 시작했다. 산부인과에서 출생 직후 찍은 사진, 백일과 돌 때의 사진, 장난감과 축구공을 가지고 노는 사진을 보며 아버지는 회한의 눈물을 흘렸다고 한다. 그리고 돌 때 찍은 가족사진과 장난감 자동차 위에서 재롱을 부리는 아들을 보며 기뻐하는 가족들의 모습을 담은 사진을 골라, 아들이 묵고 있는 고시원 책상 위에 붙이고 돌아왔다.

아르바이트를 마치고 지친 몸으로 돌아온 아들은 두 장의 사진을 발견했다. 사진을 본 아들은 이런 생각이 들었다고 한다.

'내가 세상에 태어나서 온 식구가 이렇게 기뻐했을 줄이야!'
'아버지가 나로 인해 이렇게 행복해하셨던 때가 있었구나!'
아들은 그 길로 조용히 짐을 싸서 집으로 돌아왔다.

통계에 따르면 인간관계가 성공에서 차지하는 비율은 85%라고 한다. 그러나 이것은 인간관계에 영향을 미치는 수많은 변수들에 대한 고려가 전혀 없는 단순비교에서 나온 수치에 지나지 않는다. 왜냐하면 인간관계란 많은 도덕적 덕목(정직·신뢰·양심 등)이나 능력(학력·기술력·상상력), 태도(긍정적 태도·부정적 태도 등 정신적 자산) 등이 고루 영향을 주고받으면서 만들어지는 것이기 때문이다.

그러므로 이러한 요소들을 배제한 채 관계의 기술에만 초점을 맞추다 보면 훌륭한 인간관계를 만들기란 매우 어렵다. 가령 상대방에게 잘 보이기 위해 겉모습에만 신경 쓰고 좋은 것만을 보여주려고 한다면 당장은 쉽게 호감을 살 수 있겠지만, 서로의 진심을 헤아리기가 점점 힘들어질 수밖에 없다.

만약 앞서 얘기한 사례에서 당장의 갈등을 피하기 위해 문제를 숨기고 봉합하기에만 급급했다면, 아버지는 아들을 이해할 수 있었을까? 아들은 속 깊은 아버지의 사랑을 깨달을 수 있었을까?

인간관계에 있어서 기술이란 타인을 조정하는 기술이 아니다. 타인에게 잘 보이기 위한 방법은 더욱 아니다. 상대의 존재를 있는 그대로 인정하고 진정으로 사랑하게 만드는 충고이다.

상대방과 함께함으로써 자신이 행복할 수 있을 때 진징한 인간관계가 시작된다. 그리고 그러한 관계가 풍부해질 때 성공 역시 찾아온다. 지금 당장 주위를 둘러보며 이렇게 말해보라.

"김 대리, 자네가 우리 회사에 있다는 것이 얼마나 큰 행운인지 모르겠어!"

"네가 내 아들이라서 아빠는 정말 행복하단다!"

"여보, 당신이 내 옆에 있다는 사실이 나를 얼마나 설레게 하는지 몰라."

"혜교야, 네가 나의 친구라서 진짜 기뻐!"

TIP BOX

실행하는 사람으로 거듭나기 위한 성공전략

1. 자신의 인생에서 중요한 사람들의 이름을 모두 적어본다. 마음에 안 드는 직장상사와 같이 좋아하지는 않더라도 자신에게 중요한 존재라면 빼놓지 않고 모두 적는다.

2. 목록을 보면서 자신의 욕구를 만족시켜주는 사람과 그저 그런 사람, 그리고 싫어하는 사람에게 각기 다른 표시를 해 구분한다.

3. 싫어하는 사람으로 표시된 사람에게 진심어린 편지를 써본다. 그들을 진정으로 용서하는 메시지와 사랑의 메시지를 함께 담아라. 그리고 그저 그런 사람들에게는 칭찬의 메시지를 카드에 적어 보낸다.

04
한 발 앞서서 기회를 선점한다

한국 바둑은 세계 최강이다. 2010년 아시안게임 사상 최초로 정식종목이 된 바둑 경기에서 한국이 3개의 금메달을 싹쓸이했다.

바둑은 흑과 백이 누가 더 많은 '집'을 짓는지를 겨루는 게임이다. 흑백이 서로 많은 집을 지으려다 보면 경계선을 둘러싼 치열한 전투가 벌어지고, 그 과정에서 돌의 생사가 결징된다. 여기서 얻을 수 있는 수많은 교훈 때문인지, 바둑은 흔히 인생에 비유되곤 한다.

대국 방법은 두 사람이 흑돌과 백돌을 나누어 갖고 한 번씩 교대로 두게 된다. 항상 첫 돌을 두는 흑이 유리하므로 나중에 두는 백에게 불리하지 않도록 백에게 덤을 준다. 대회 규정에 따라 다르지만 보통은 여섯 집 반이나 일곱 집 반을 주는데, 승패를 가려야 하기 때문에 반 집도 계산에 넣는 것이다.

　그런데도 프로기사들은 여전히 흑을 선호한다. 왜일까? 물어보나마나 승부에 유리하기 때문이다. 이것이 보통 한두 집 차이로 승패가 갈리는 바둑에서 6~7집 반을 양보하면서도 흑을 포기하지 못하는 이유인 것이다.

　우리나라 젊은이들에게는 국방의 의무가 있다. 그래서 신체에 문제가 있는 소수를 제외하고는 소중한 젊은 시절의 한때를 나라를 지키는 데 바친다. 군생활은 육체적으로는 물론 정신적으로도 구속이 많아 매우 힘들다. 그 중에서도 가장 힘든 것은 아마도 매일하는 구보일 것이다.

　구보는 보통 사열횡대로 대열을 갖추어 구령에 맞춰 달린다. 그러다 보면 인도하는 사람이 항상 되풀이하는 말이 있는데, 바로 '선두반보'라는 구령이다. 달리다 보면 이상하게도 항상 뒤쪽에 있는 사람들이 뒤처지기 때문에 열을 맞추기 위해 앞사람이 천천히 뛰도록 외치는 소리다. 구보 실력이 떨어지는 사람을 앞에 세워도 결과는 마찬가지다. 따라서 구보에서 뒤처지지 않고 잘하는 관건은 실력이 아니라 앞에 서느냐 뒤에 서느냐가 된다.

　돌을 먼저 두는 것이 바둑의 성패를 좌우하고, 구보를 할 때에는 앞에 서야 뒤처지지 않는 것처럼, 인생의 성공을 거머쥐는 데에도 먼저 시작하는 것은 매우 중요한 변수로 작용한다. 남들보다 한 발

먼저 노하우를 획득함으로써 유리함을 계속 키워나갈 수 있다는 것이 그 근거이다.

한때 《아침형 인간》이라는 책이 장안의 화제가 된 적이 있었다. 이 책에서 저자는 아침에 아파트 단지를 빠져나오는 차들을 관찰하면 재미있는 현상을 발견할 수 있다고 했다. 고급 승용차일수록 이른 시간에 아파트를 빠져나온다는 것이다. 이 같은 사실은 상대적으로 돈이 많고 출세한 사람들이 그렇지 않은 사람보다 하루를 일찍 시작한다는 사실을 알려준다.

또한 한 증권사 지점장은 재벌총수, 은행장, 국회의원에서부터 한 푼 두 푼 모은 착실한 서민형 부자까지 온갖 유형의 부자들을 만나보았지만 그들 중에 늦잠을 즐기는 사람은 아무도 없었다고 말한다.

이것이 바둑으로 말하면 흑돌을 가지고 시합을 하는 것이 아니고 무엇이겠는가? 남들이 하지 않은 일을 먼저 실행한다면 성공할 확률이 그만큼 높아지는 것이다. 선점의 효과는 복리이자처럼 늘어나, 다른 사람들이 뒤따라올 즈음에는 이미 큰 격차가 벌어지게 된다.

기업의 경우도 마찬가지다. 세계는 물론 우리나라에서도 업종마다 1위 업체의 시장점유율이 가속화되는 추세를 보이고 있다. 고 이병철 삼성그룹 회장은 자기가 하고 싶은 것은 모조리 이루었지만 안 되는 것이 두 가지 있었다고 토로한 바 있다. 하나는 조미료 미풍이 미원을 못 이기는 것이고, 다른 하나는 삼성의 전자제품이 금성(현재의 LG)을 따라잡지 못하는 것이라고 했다. 지금은 다른 변수에 의해서 그 순위가 바뀌었으나, 이병철 회장의 말 역시 먼저 시작한 기업이 누리는 선점효과를 얘기한 것이다.

삼성경제연구소의 연구조사 결과, 국내에서도 업종별 1위 업체의 독주는 갈수록 더해지고 있는 것으로 밝혀졌다. 전자업계에서는 삼성전자, 자동차 분야에서는 현대자동차, 철강에서는 포스코의 두각이 더욱 뚜렷해지면서 글로벌시장에서도 인정받는 수준에 이르고 있다는 분석이다.

1위 기업은 계속 1위를 유지하기 위해 먼저 시작해서 얻은 이익을 재투자하기 때문에, 후발 기업들이 그를 따라잡기란 만만치 않다. 그래서 일반적으로 2위 기업은 2위로서의 시장전략을 구사하는 길을 택한다. 예를 들어, 소니, 마이크로소프트(MS), 닌텐도 사이의 게임기 경쟁에서 MS가 소니의 아성을 넘보기보다는 2위를 고수하는 쪽으로 전략을 바꾼 것도 바로 그런 이유에서다.

이 같은 현상을 개인의 성공에 접목시켜보자. 인생을 성공적으로 주도해 나가기 위해서는 먼저 혹을 잡아야 한다. 남들보다 하루를 먼저 시작하는 것도 한 방법이다. 일찍 일어나 남들이 아직 손대지 못한 일에 시간·재정·지식을 투자하는 것이다.

그리고 후발주자의 추격에 쉽게 따라잡히지 않기 위해서는 중도에 포기하거나 게을러져서는 안 된다. 먼저 시작했더라도 꾸준히 낙숫물을 떨어뜨려야만 거대한 바위에 구멍이 뚫리고, 언젠가 바위를 깨뜨릴 수 있는 것이다.

남들보다 앞선 시작은 유리한 입장에서 싸울 수 있는 하나의 지혜이다. 그러나 간단해 보이는 이 지혜도 꾸준한 실행을 통해서만 빛을 발할 수 있다는 것을 명심하기 바란다.

실행하는 사람으로 거듭나기 위한 성공전략

1. 남들이 하지 않은 일 중에 자신이 할 수 있는 일을 찾아본다.
2. 그 일에 대한 정보를 꼼꼼하게 검색하고 분석해본다.
3. 선택된 일 가운데 과연 자기에게 맞는 일이 있는지를 체크해본다.
4. 선택된 일이 있다면 구체적으로 실행계획을 세운다.

05
독서하는 시간은
아끼지 않는다

책을 읽어야 한다는 것에 반대할 사람은 아무도 없다. 독서의 중요성을 모르는 사람도 없다. 성공하기를 원한다면 책을 읽어야 하는 이유는 더욱 분명해진다. 책에는 저자가 오랜 세월에 걸쳐 쌓은 지식·사상·가치관 등이 고스란히 녹아 있다. 그토록 귀중한 정보를 우리는 비교적 저렴한 책값과 시간만 투자하면 모두 얻을 수 있다.

필자는 우선 철저한 정독보다는 다독을 권한다. 다독을 하다 보면 속독이 가능해진다. 속독을 통해 많은 책을 읽다 보면 정독에 대한 목마름이 저절로 생긴다. 그때 정독을 해도 늦지 않다.

책 읽는 시간은 새벽이 가장 적당하다. 5시에 일어나면 출근 전까지 2시간 정도 독서를 할 수 있다. 하루에 2시간이면 일주일에

14시간, 보통 2~3권을 읽을 수 있는 시간이다. 그러면 1년, 즉 52주면 못 읽어도 100권은 거뜬히 읽을 수 있게 된다. 책을 읽는 습관이 아직 만들어지지 않아 읽는 속도가 늦다 해도 50권 정도는 읽어낼 수 있다. 이 정도만 해도 상당한 독서량이다.

생각해보라. 어느 한 분야의 책을 100권 읽는다면 어떻게 되겠는가? 전문가에 뒤지지 않는 수준의 정보를 갖추게 될 것이다. 1년 동안 조금 일찍 일어나고, 한 달에 5만 원 정도를 투자하는 것만으로 인생에 어떤 변화가 올지 상상해보라. 3년 뒤에는 어떠할까? 적게 잡아 200권 정도만 읽는다 해도 얼마나 많은 지식과 정보가 얻어지겠는가?

필자의 경우 첫해에는 닥치는 대로 100권, 그 다음 해에는 필요한 분야의 전공서적으로 50권, 그 다음 해에는 고전 30권과 전공서적 30권을 읽었다. 그러자 어느 순간 머리가 뻥 뚫리고 도통한 느낌이 들었다. 그 다음부터는 말하는 것에도 자신감이 생기고 어떤 분야의 사람을 만나도 대화하는 데 전혀 어려움을 느끼지 않게 되었다.

1년에 100권이라면 상당한 독서량이다. 우리나라 사람들의 연평균 독서량은 12권 정도에 불과하다고 한다. 이웃 일본만 해도 독서량이 엄청난 것으로 알고 있다. 실제 필자가 일본에 갔을 때 가장 인상 깊었던 것은, 지하철 안에서 반 이상의 사람들이 책을 읽고 있는 모습이었다. 일본인의 독서량은 일본의 저력을 말해준다. 일본이 여러 분야에서 세계 선두를 차지한 데에도 독서가 큰 몫을 하지 않았는가 하는 생각이다.

책은 놀라운 영향력을 가지고 있다. 사람들이 흔히 "감명 깊게 읽은 책은 어떤 것입니까?"라고 묻는 이유는 그 책을 통해서 받았을 영향 때문이다. 독일의 히틀러는 2차 세계대전을 일으키면서 《나의 투쟁》이라는 책을 썼다. 이 책의 영향으로 독일이 저지른 만행을 따져보면, 《나의 투쟁》에 나오는 단어 하나하나가 125명의 목숨을 앗아갔다는 이야기를 읽은 적이 있다. 2차 세계대전의 규모로 볼 때 충분히 가능한 얘기다.

이른바 베스트셀러가 된 책들이 가는 곳마다 독자들에게 읽히는 것을 보면 그 책을 쓴 저자들조차 깜짝 놀란다고 한다. 그것이 좋든 나쁘든 책의 영향력이다.

독자 입장에서 본다면 한 권의 책은 이야기 밑천이 될 수도, 인생을 다시 생각하는 계기가 될 수도 있다. 따라서 자신이 원하는 인생을 살아가기 위한 방법을 찾고자 할 때는 책을 읽어라. 책 속의 한 명, 혹은 여러 사람의 조언과 경험에서 방법을 보게 될 것이다. 뭔가를 간절히 바라면서도 두려워하거나 미루면서 실행하지 못할 때 독서를 하라. 책에는 자신이 원하는 인생을 살도록 촉구하는 힘이 있다.

얼마 전 항상 자신이 없고 소극적인 중학생이 엄마 손에 이끌려서 필자를 찾아왔다. 수줍음이 많은 그 학생에게 필자는 로버트

H. 슐러의 《불가능은 없다》와 조지 워싱턴 커버의 전기 《땅콩박사》를 읽어볼 것을 권했다. 책을 읽은 후 그 아이의 태도와 자세는 몰라볼 정도로 달라졌다. 책 속에서 나아갈 방향과 동기를 발견한 까닭이다.

✓ TIP BOX

실행하는 사람으로 거듭나기 위한 성공전략

1. 자기 인생의 꿈을 이루는 데 필요한 책의 목록을 만들어 구입한다.
2. 아침 5시에 일어난다. 찬물로 세수한 다음 간편한 옷을 입는다.
3. 매일 2시간 이상, 365일 책을 읽겠다는 목표를 세우고 계획을 실천한다.
4. 가급적 일찍 일어나는 데 방해되는 약속이나 스케줄은 잡지 않는다.

06
확률이 적은 일에 승부를 걸지 않는다

필자는 〈역사 스페셜〉이라는 텔레비전 프로그램을 즐겨 봤다. 내용이 고갈된 탓인지 시청률이 높지 않아서인지 종영되어 매우 유감이지만, 아직도 그 내용은 기억에 많이 남아 있다. 특히 이순신 장군을 다룬 편은 거의 대부분을 기억한다. 이순신의 지략과 작전의 특징이 무엇인지를 잘 보여주었다.

이순신 장군이라고 하면 흔히들 13척의 전선(戰船)으로 133척의 왜선을 물리친 명량해전을 떠올릴 것이다. 그런데 이순신이 그렇게 싸워 승리를 거둔 경우는 단 한 번뿐이었다. 일반적인 경우, 이순신은 결코 불리한 조건에서는 싸우지 않았다. 명량해전 당시는 다른 대안이 없는 최악의 상황이었던 것이다. 그러나 불가피한 상황에 놓인 이상, 그는 어떻게든 불리함을 유리한 상황으로 바꿔놓아야 했다.

우리가 주목해야 할 것이 이 점이다. 이순신은 아군이 유리하다고 판단되면 늘 기습공격으로 전세를 주도했다. 그러나 그렇지 않은 경우, 즉 불리한 상황에서도 이순신 장군의 지략과 용맹은 유리한 입장에서 싸울 수 있는 방편을 강구해냈다. 명량해전에 대한 기록을 보면 다음과 같은 내용이 나온다.

> 공이 다시 통제사로 임명되어 겨우 13척의 전선만으로 전체를 수습해야 했을 때, 조정에서는 이를 민망히 여겨 공에게 해전을 버리고 육지로 올라와 싸우라고 하였으나, 공은 해전을 버릴 수 없음을 말하고, "신에게는 아직도 13척의 전선이 있습니다. 죽을 힘을 다하여 싸우면 능히 이길 수 있습니다"라고 장계를 올렸다.

당시 왜적은 전선 500여 척을 보유하고 있었으니, 13척으로 500여 척을 상대로 하는 해전은 동서고금의 전사(戰史)에서 찾아볼 수 없는 일이다. 이런 상황에서 임금에게 올린 이순신 장군의 장계는 해상을 스스로 지키려는 의지의 표현이었다.

당시 13척의 전선과 120여 명의 군사를 거느린 장군은 왜군의 공격을 방어하기에 유리한 지역인 벽파진으로 함대를 이동하였다. 벽파진은 진도의 동쪽 끝머리에 위치하여 해남을 바라보는 곳으로, 남해상에서 서해로 빠져나가는 유일한 길목인 울돌목, 즉 명량해협이 있는 곳이다. 명량해협은 길목이 좁은데다 조수의 흐름이 빨라,

대함대가 자유로이 움직일 수 없는 곳이었다. 적은 수로써 많은 적선을 막기에 알맞은 곳이었다.

벽파진에 포진한 장군은 뒤쫓아오는 왜군의 동태를 엄중히 살피게 하는 한편, 사기가 떨어진 병사들을 격려하고 훈련하여 결사적인 방어태세를 취하고 있었다. 또한 최종 방어선인 명량해협을 사수하기 위하여 명량의 물길을 조사하고, 왜군의 공격력을 분산시키기 위하여 바윗돌에 거적을 씌워 군량으로 알도록 하였고, 또 왜선을 전복시키기 위해 물 속에 쇠줄까지 준비하였다.

마침내 그 날이 다가왔다. 위급함을 전하는 봉화가 오르고 왜군의 대함대가 벽파진을 향하여 침공해 온다는 전령이 전달되었다. 왜선 133척이 조류를 타고 명량해협을 향해 돌진해오고 있다는 내용이었다. 장군은 모든 전선을 출동시켰다. 명량으로 들어온 왜선은 순식간에 좁은 해협을 가득 메우며 포를 쏘아댔다.

아군과 적군의 전선들은 서로 엉키어 총포를 쏘고 불화살을 날렸고, 우수영 앞바다는 순식간에 연기와 총성으로 뒤덮이고 아수라장이 되었다. 장군은 조수의 힘을 이용할 수 있는 유리한 입장에 서게 되었을 때, 일제히 북을 울리고 총통과 각종 화살을 쏘게 했다. 조수를 안고 싸워야 하는 불리한 위치에 놓인 왜선은 아군의 총세에 밀려 수적 우세에도 불구하고 쫓겨가게 되었다. 많은 전선을 잃고 맥없이 쫓겨가던 왜선들은 장군이 미리 준비해두었던 물 속 쇠줄에 걸려 전복되고 수장되기도 했다.

이순신 장군이 이처럼 확률 없는 싸움에서 승리를 거둘 수 있었던 것은 불리함을 유리함으로 극복하기 위해 철저히 준비했고, 그를 정확히 실행함으로써 승리를 거머쥘 수 있었다.

　미국 월가의 전설적인 투자가 워렌 버핏이 한 사장과 골프를 쳤다. 그 사장은 워렌 버핏이 홀인원을 하면 1만 달러를 주고, 홀인원을 하지 못하면 자기에게 단돈 2달러를 주는 조건의 내기 골프를 제안했다. 홀인원이란 한 번에 공을 홀 안에 집어넣는 것이다.
　사실 100미터 넘게 떨어져 있는 10센티미터짜리 구멍에 단 한번 쳐서 공을 집어넣어야 하는 것이니, 확률은 아주 희박했다. 그렇지만 만약 운이 정말 좋다면 1만 달러가 생기고, 아니래도 2달러밖에 날리지 않는 조건이니, 보통 사람이라면 선뜻 승낙했을 것이다. 그러나 워렌 버핏은 달랐다. 단돈 2달러라 하더라도 희박한 확률에는 걸지 않는다는 것이 그의 원칙이었다. 그는 언제나 자신의 원칙을 지켰고, 그것이 그에게 전설적인 성공을 가져다주었다.

　실패하는 사람들의 특징 가운데 하나는 희박한 확률에도 아랑곳하지 않는다는 것이다. 아주 적은 확률이라 해도 보상이 크면 포기하지 못한다. 안 되는 것, 실패할 수밖에 없는 일이라 해도 손을 놓지 못한다. 반면 성공하는 사람들은 대부분 확률이 유리할 때만 싸움에 뛰어든다.
　로또복권을 살까 말까 고민하는 사람을 보면 안타까운 이유가 바로 이 때문이다. 로또복권은 기댓값이 60%밖에 되지 않으니, 1

만 원을 투자해도 6,000원밖에 거둬들이지 못한다. 물론 이것 역시 기댓값으로 계산한 경우이다. 실제로는 거의 대부분이 투자한 돈을 그대로 날리고 만다.

희박한 확률에 인생을 거는 사람은 결코 성공할 수 없다. 성공을 원할수록 이기는 게임에 투자하는 것은 지극히 당연하고도 지당한 일이다.

실행하는 사람으로 거듭나기 위한 성공전략

1. 한 번에 일확천금을 노리는 투자를 하는지, 아니면 한 달에 얼마라도 수익이 발생하는 투자를 하는지 생각해본다.

2. 혹시나 우연에 투자하고 있다면 지혜로운 투자방법으로 재설계를 하라.

3. 확률이 희박한 일에 시간과 노력을 들이고 있지는 않은지 점검하고 정리하라.

07
자존감을 잃지
않는다

취직하기가 하늘의 별따기만큼 어려워져만 가고 있다. 그러다 보니 졸업하기가 두려운 대학생들이 졸업을 미루기 위한 기상천외한 방법들을 생각해내고 있다. 과거에는 학생들이 교수들을 찾아가서 성적을 올려달라고 사정하거나 떼를 썼는데, 지금은 반대로 낙제시켜 달라고 사정하는 학생까지 있다고 한다. 졸업을 늦추어서 늘어난 학사기간 동안 취업에 대비하려는 것이다. 실제로 2001년 대졸자가 취업하는 평균 나이는 27.5세였던 것이 2010년도에는 19개월가량 늦어진 29세로 조사되었다.

상황이 이렇다 보니 취직을 하기 위해 애쓰는 젊은이들과 가족들의 애타는 소리가 귀에 들리는 듯하다. 얼마 전 정치인들에 대한 국민의 분노에 대한 모방송의 보도에서, 한 청년이 취업이 안 되어 괴로운 심정을 토로했다. 자기 자신에 대한 무력감, 사회에 대한 분노, 부모님에 대한 죄송스러움, 여자친구에 대한 미안함 등의 감정이 뒤섞여서 거의 우울증에 가까운 증세를 보이고 있었다. 자꾸만 혼자 있고 싶고 평소에 잘하던 일도 손에 잡히지 않고, 심지어 죽고 싶은 마음이 들 때도 있다는 것이다. 무엇보다 자신감을 완전히 상실한 듯 보였다. "지금 현재 가장 하고 싶은 일이 무엇이냐?"고 묻자, 그 청년은 "얼마 전까지만 해도 무슨 일이든 하고 싶었는데, 지금은 아무 일도 하고 싶지 않다"고 우울하게 대답했다.

전문가들은 이 같은 우울증을 '아무것도 할 수 없을 것 같은 무기력감', '세상에 자기만 외따로 떨어져 혼자만 남겨진 것 같은 느낌', '분노와 공격의 감정', '심한 죄책감' 등으로 정의하고, 나아가 스스로를 징벌하려는 욕구 또는 망상이 생겨 자살을 시도하거나 자해를 하는 경우도 있다고 경고한다. 복잡한 현대사회가 우리를 우울증 환자로 몰아가고 있다고 해도 과언이 아니다.

그러나 어떤 경우에도 있는 사실을 부인하거나 원망해서는 안 된다. 부인한다고 달라지는 것도 없거니와, 부인만으로는 원하는 것을 결코 얻을 수 없기 때문이다. 이런 경우 보통은 다음 두 가지 결과를 초래하게 마련이다.

첫째, 본인이 느끼는 괴로움을 자기 자신에게 돌려 스스로를 비난하고 공격한다. 심할 경우 자기 자신을 '죽어도 마땅하고 당연한 사람'으로 여기며 끊임없이 못살게 괴롭힌다.

두 번째는 타인에 대한 공격이다. '너 때문이야, 너만 아니었더라도……'라는 식으로 상대를 몰아붙이며 공격한다. 이런 태도 역시 결국에는 자신의 인생을 파국으로 몰아간다.

그렇다면 어떻게 하는 것이 최선의 방법인가? 자존감을 회복하는 일이 최우선이다. 우리 각자는 전 세계 몇 십 억 명 중에 유일한 생김새와 생각을 가진 특별하고 고유한 존재이다. 이와 더불어 우리는 '나는 무슨 일이든 할 수 있는 전능한 존재'라는 의식을 갖고 태어났다. 그러나 살아가는 동안 여러 가지 좌절을 경험하면서 점점 자존감을 잃어버린 것이다. 그러므로 이 잃어버린 자존감을 회복하는 일은 우리 인생을 성공으로 되돌리는 원동력이 될 수 있다.

진기한 요리가 많은 중국에서도 특히 곰 발바닥 요리, 제비집 수프, 모기 눈알 수프 등은 진기한 재료로 유명하다. 그 가운데서도 모기 눈알 수프는 최고의 진미로 꼽힐 만큼 널리 알려져 있다. 이 음식은 이름 그대로 모기 눈알을 재료로 한 요리이다. 그렇다면 직경이 1mm도 안 되는 모기 눈알을 어떻게 음식 재료로 사용할 만큼 대량 확보하는 것일까?

이 요리로 유명한 곳은 중국 쓰촨성 동부에 있는 도시 중경으로 광복 이전 우리 임시정부가 한동안 거점으로 이용했던 곳이다. 이 지역에는 동굴이 무척 많은데, 그 동굴들에는 하나같이 박쥐가 서식하고 있다. 박쥐 가운데는 모기를 주식으로 하는 종류가 적지 않은데, 그들은 모기 눈알만은 소화시키지 못하고 변으로 배설한다. 그러니까 모기 눈알을 모으기 위해서는 동굴로 가서 박쥐의 배설물을 모아온 다음 물로 걸러내기만 하면 되는 것이다. 듣기에는 꺼림 칙할 수도 있지만 완성된 요리는 최상의 진미요, 부르는 게 값이다.

하늘을 날아다니는 생물이면서 새끼에게 젖을 먹이는 포유동물인 박쥐는 전 세계에 걸쳐 매우 넓게 분포하고 있으며, 그 종류가 약 4,000여 종에 달한다고 한다. 박쥐는 하루에 평균 20g의 곤충을 섭취하는 것으로 알려져 있다. 20g의 곤충을 집파리로 따진다면 600~1,000마리의 무게에 해당된다.

또 박쥐는 30분 이내에 자기 체중의 1/2이나 1/3에 해당되는 하루 평균 섭취량을 모두 먹을 수 있고, 30분이면 이 무게의 음식물을 소화시킬 수 있는 왕성한 소화력을 가지고 있다. 더구나 보통 무리를 지어 살고 있으므로 먹이로 소모되는 곤충의 수는 천문학적인 수치에 이른다고 한다. 그렇기 때문에 박쥐가 있는 곳에는 모기를 비롯해 어떤 해충이 없다.

대부분의 사람들이 싫어하고 기피하는 박쥐도, 모기도, 그리고 그 작은 모기 눈알도 쓸모가 있다. 하물며 '전능자 의식'을 가지고 태어난 우리는 어떠할까? '실패한 나', '망가진 나', '안 되는 나'를 바라보면서 절망해서는 안 된다. 안 되는 것은 되게 하고, 실패했으면 다시 성공하면 된다. 못 하는 것은 하면 되고, 단점은 장점으로 바꾸고, 작은 것은 크게 하면 된다.

우리에게는 하루 24시간이라는 선물이 있고, 지금까지 살아왔던 경험이 있고, 배운 지식이 있으며, 나를 도와줄 수 있는 인적 네트워크가 있다. 비법이나 기술이 없다 해도 아무런 문제가 되지 않는다.

나는 나됨으로 존재한다. 이 자존감은 바위도 뚫을 수 있고 태산도 뛰어넘을 수 있는 능력인 것이다. 그러므로 우리에게 진정으로 필요한 것은 돈이나 주변환경이 아닌, 나 자신의 가능성과 능력을 믿는 '자존감'이다. 자존감의 무시무시한 힘은 바로 '모든 것을 할 수 있는 무한자원'이라는 데 있다.

이제 전능자 의식을 가지고 뛰어나가라. 모든 문제가 물러가고 성공이 당신을 반길 것이다.

실행하는 사람으로 거듭나기 위한 성공전략

1. 날마다 거울 앞에서 50번 웃으면서 '나는 대단해!', '오늘은 굉장한 일을 이루어낼 거야!' 등 내 자존감을 충족시켜주는 말을 큰 목소리로 외쳐라.

2. '니 지신이 나를 버리지 않는다면 태양계에서 나를 무시할 사람은 없다'는 사실을 기억하고, '좌절금지', '포기금지'라고 쓴 메모를 책상 앞에 붙여놓는다.

3. 월급이나 상여금을 받으면 먼저 자기 자신에게 선물을 하거나 외식을 하라. 그리고 말하라. "너는 이런 대접을 받는 것이 당연해. 앞으로 더 좋은 대접을 받을 거야!"

08
눈에 보이지 않는
순리를 따른다

인생을 살아가다 보면 때때로 어려운 일을 만나게 된다. 그런 일이 생길 때마다 괴로워하거나 되는 일이 없다고 생각하지는 않는가? 인생을 살아가는 동안 어려운 일과 맞닥뜨리는 것은 너무도 당연하고 어쩌면 이 역시 삶의 이치이기도 하다. 따라서 어려움이나 고통이 삶의 일부분이라는 사실을 받아들이면 인생의 많은 문제 앞에 강해지고 의연해질 수 있다.

배를 타고 항해를 나갔다. 그런데 기상예보에는 없었던 거센 파도가 인다. 이런 상황에서 사람들은 그 성향에 따라 대체로 두 가지 다른 생각을 하게 된다. "나는 도대체 되는 일이 없단 말이야!"라고 하는 사람도 있고, 그저 "아! 파도가 치는구나"라는 사람도 있다.

그러나 바다에서 파도가 치는 것은 당연한 일이 아닌가. 예상보다 거센 파도가 친다고 해도 마찬가지다. 변화무쌍한 자연의 활동을 어느 누가 예측하고 막을 수 있겠는가. 바다에 파도가 치는 것이 순리라면 그것에 대한 대응 역시 순리에 따라야 한다. 닻도 내리고 부지런히 폭풍에 대비하면 되는 것이다.

인생이란 우왕좌왕할 때가 아닌, 순리를 알고 그대로 대처할 때가 보다 아름답고 건강하다. 이 상황에서는 이렇게 대응하고 저 상황에서는 저렇게 대응하는 식의 편법으로는 당장의 문제는 해결할 수는 있겠지만 순리를 따르는 삶에 비해 결코 안정적일 수 없다.

요즘 사회를 들여다보면 요령 중심의 성공법을 전파하는 사람들이 자주 눈에 띈다. 그들은 진정한 원리를 가르쳐준다고 말하면서 온갖 미사여구와 그럴 듯한 그림을 동원해 사람들을 허황된 꿈으로 이끌고 있다. 심히 유감스러운 일이다. 그런 방법으로는 지나가다 동전은 주울 수 있어도 진정한 행복을 동반한 성공을 만나기는 어렵다.

'10억 만들기!' 이 역시 얼마나 달콤한 말인가? 불경기에다가 미래의 불확실성이 높은 이때에 내 삶을 밝힐 등불인 것처럼 들린다. 그래서인지 서점에는 재테크 관련서가 붐을 이루고 세미나도 성황리에 열리기도 했다. 그러나 그것은 한때의 유행에 지나지 않으며, 유행이 지나가고 나면 바람에 날아가는 쓰레기처럼 '공허'가 자리 잡을 게 분명하다.

이유가 뭘까? 순리가 아니기 때문이다. 직장인이 저축을 해서 10

억을 벌 수 있는 가능성은 애당초 없다. 그러니 저축으로 종자돈을 마련하여 주식이나 부동산 투자를 해서 10억을 벌어야 한다는 결론이 나온다. 그러나 우리 보통 사람들이 주식에 투자해 돈을 벌 수 있는 확률은 5%에 불과하고 부동산으로는 25% 정도라는 조사결과가 있다. 5%에 인생을 올인하려는 것을 과연 지혜라고 말할 수 있을까? 답은 이미 나와 있다. 묵묵히 순리를 따르는 것이다.

세계적인 재정전문가 래릿 버킷이 빚지는 사람들을 분석한 결과, 다음과 같은 특징을 발견했다. 부채가 있는 사람들은 한결같이 예상되는 불행을 계산에 넣지 않는다는 것이다. 항상 일이 가장 잘 풀렸을 경우만을 기대하며 살아간다. 자동차와 관련해 지출예산을 짜면서도 세금과 기름값만을 고려할 뿐 수리비는 생각하지 않는다.

영원히 고장 나지 않는 자동차란 있을 수 없다. 그런데도 마치 고장 나지 않는 차를 타고 다니는 듯 살아가고, 병들지 않는 몸과 썩지 않는 다이아몬드 이를 가졌다고 착각한다. 그러다가 예상치 못한 불행이 닥치면 빚을 지게 되고, 행여 빚 독촉이라도 받게 되면 재수가 나빠서라고 투덜거린다.

몇 년 전 필자가 집을 지을 때의 일이다. 빠듯한 예산에 따라 어렵게 공사를 시작했지만, 공사가 진행되는 과정에서 예상하지 못했던 추가비용이 발생하기 시작했다. 결국에는 건축비가 10%나 더 나오는 바람에 추가자금을 융통하느라 어려움을 겪었다. 이런 이유로 집을 지을 때는 반드시 예비비를 고려해야 한다.

또 건물을 짓고 난 후의 유지·보수비용도 고려해야 한다. 언제든 일어날 수 있는 불상사를 생각하지 않고 무조건 짓고 보자는 식의 태도가 삼풍백화점이나 성수대교 같은 참사를 불러온 것이다.

인생도 마찬가지다. 눈앞의 일만 계산하며 미래에 대한 계획 없이 살아가다가는 실패를 모면하기 어렵다. 물론 순리를 따라가는 삶에도 일시적인 실패나 손해는 있을 수 있다. 하지만 이런 경우에는 다시 일어설 가능성이 훨씬 높다. 실패를 성공의 어머니로 삼을 줄 아는 지혜, 언제 닥칠지 모르는 불행을 대비하는 지혜, 실패와 불행이 닥치더라도 순리에 따르면서 극복하는 지혜, 이것이야말로 순리를 따르는 사람들이 가진 특별한 무기이기 때문이다.

실행하는 사람으로 거듭나기 위한 성공전략

1. 거대한 꿈을 안고 시작했던 일 가운데 중도에 포기했거나 완전히 실패한 일이 있다면 그 중 한 가지를 마음속에 떠올려본다.
2. 자신이 실패한 원인을 생각해본다. 애초에 고려했어야 하는데 간과한 부분이 무엇인지 따져본다.
3. 하고 있거나 이제부터 시작할 일에 대해 확실하게 따져본다. 지금 상태로도 좋은지, 앞으로 계속 해나가도 될지를 꼼꼼하게 분석한다. '대충'이라는 말은 자신의 인생을 녹슬게 할 뿐이다.

09
부가가치를 키워 발전을 거듭한다

행상으로 근근이 생계를 유지해가는 가난한 사람이 있었다. 한곳에 머무를 수 없는 이 행상은 아들을 데리고 이곳저곳으로 떠돌아다녀야만 했다. 잠자리가 늘 불편했던 아들은 이때부터 호텔 사업을 꿈꾸기 시작했다. 돈 한 푼 없을 때에도 꿈을 포기하지 않았던 그는 결국 1924년 댈러스에 큰 호텔을 지었고, 같은 꿈을 세계 각지에 실현시킨다. 그가 바로 힐튼 호텔의 창업자 콘라드 힐튼이다.

콘라드 힐튼은 5달러짜리 쇠막대기를 가지고 부가가치에 대해 이렇게 설명한 적이 있다.

"이 막대기를 그냥 두면 그저 쓸모없는 싸구려 막대기에 지나지 않습니다. 그러나 이 쇠막대기로 말발굽을 만들어 팔면 10달러 50

센트를 벌 수 있습니다. 바늘을 만들면 3,250달러를 벌 수 있고, 용수철을 만들면 250만 달러를 벌 수 있지요."

그의 말처럼 똑같은 쇠막대기지만 어떻게 활용하느냐에 따라 그 가치는 엄청나게 바뀔 수 있다. 따라서 중요한 것은 어떻게 하면 그 가치를 더 큰 것으로 만들어 차별화시키느냐이다.

원자재 값이 하루가 다르게 폭등하고 있는 가운데 웃돈을 주고도 물건을 구하기가 어려워 한국 경제에 적지 않은 타격마저 예상된다. 중국 경제가 성장하면서 워낙 많은 원자재를 소비하다 보니 생산량에 한계가 있는 원자재 값이 올라가는 것은 당연한 이치이다.

그러나 원자재 문제가 아니더라도 그에 맞먹는 어려움은 언제나 있어왔다. 실제로 사람들은 늘 먹고 살기가 어렵다고 말한다. 장사나 사업하는 데 아무런 어려움이 없다는 소리는 좀처럼 하지 않는다. 그들의 말은 엄살인 동시에 사실이다.

어떤 상황에서도 기회와 위기는 공존한다. 원자재난만 하더라도 그렇다. 우리나라는 수입한 원자재를 활용하여 부가가치를 높여 되파는 나라이다. 따라서 우리가 만들어내는 부가가치에 따라 그것은 항상 기회로 존재한다. 그렇다면 부가가치를 높이기 위해서는 무엇을 해야 할까?

세계 역사를 살펴보면 환경이 좋은 나라 가운데 의외로 가난한 나라가 많은 반면, 불리한 환경을 가진 나라들 가운데는 이를 극복하고 선진국이 된 나라가 적지 않다. 선진국이 밀집한 유럽만 보더라도 기후나 지리적 여건이 썩 좋은 편이 아니다. 오히려 적당한 기후와 풍부한 자원을 가지고 있는 지구 남반부의 나라 중에는 상대적으로 풍족하지 못한 경우가 많다. 원자재를 가공한다거나 부가가치를 높이지 않아도 충분히 풍족한 생활을 할 수 있는 까닭에 몸과 머리가 자꾸만 게을러져 점점 내리막길을 걷고 있는 것이다.

마찬가지로 개인에 있어서도 중요한 것은 타고난 재능이나 주어진 여건이 아니다. 혹 뛰어난 재능과 풍족한 환경을 가졌다 하더라도 스스로 그 가치에 만족하고 머무른다면 그 이상의 발전은 기대하기 어렵다. 반대로 재능이 뛰어나지 않아도 스스로의 부가가치를 높일 수 있는 전략을 연구하고 성실한 태도로 일관할 때 전자를 앞지르는 쾌거와 확실한 성과를 거둘 수 있게 된다.

학생들에게 공부를 강조하는 이유도 같은 맥락이다. 분명 공부가 인생의 전부는 아니지만, 학생 입장에서는 자기 삶의 부가가치를 높이는 가장 확실한 방법이다. 가령 평균적으로 한 사람이 가진 1시간의 가치가 약 4,500원이라면 서울대에 합격하는 순간 그 가치는 20배인 9만 원으로 올라갈 수 있다. 물론 그 가치는 이후의 노력에 따라 다시 바뀔 수 있다. 하지만 지금 혹은 앞으로 예술이나 기타 전문분야를 선택하더라도 공부를 통해 쌓은 지적인 기반은 평생 자신의 부가가치를 뒷받침해줄 것이다.

콘라드 힐튼이 말한 쇠막대기의 값어치를 떠올려보자. 쇠막대의 부가가치는 싸구려 막대기-말발굽-바늘-용수철의 순으로 계속해서 올라간다. 여기서 주목할 것은 가치를 높이기 위해서는 반드시 여러 단계의 단련을 거쳐야 한다는 사실이다.

쇠막대기를 때리는 망치질이 잦아질수록, 더 뜨거운 불길 속을 드나들수록, 수차례의 다듬질을 거칠수록 평범한 쇠막대기는 특별한 가치를 지닌 새로운 물건으로 다시 태어나게 되는 것이다.

여전히 자신이 갖춘 원자재가 부족하다고 생각하는가? 아무리 비싼 원자재라 하더라도 그 가치는 늘 1%에 지나지 않는다는 사실을 기억하라. 그러나 어떻게 활용하느냐에 따라 값싼 재료를 가지고도 얼마든지 99%의 새로운 가치를 만들어낼 수 있다.

콘라드 힐튼처럼 무에서 100%의 가치를 만들 것인가, 100%라는 흠 잡을 데 없는 원자재를 가지고도 늘 1%의 가치에 머무르는 사람이 될 것인가? 그 결정은 자신만이 할 수 있다.

망치로 맞는 아픔, 불에 달궈지는 뜨거움, 그리고 칼로 파헤쳐지는 쓰라림……, 이것들을 두려워하지 않고 두루 경험할 때 우리의 부가가치는 용수철을 넘어설 수 있을 것이다.

 **TIP BOX**

실행하는 사람으로 거듭나기 위한 성공전략

1. 현재 자신이 가지고 있는 유·무형의 재산을 사소한 것까지 놓치지 않고 50가지 정도 써본다. 생각보다 많은 것을 가지고 있다는 사실에 놀라게 될 것이다.

2. 재산 가운데 썩히기 아까운 부분인데도 충분히 활용하고 있지 못한 것들을 뽑아 다시 정리해본다.

3. 그것을 활용하는 것이 불가능하거나 어렵다고 느껴지는 이유를 적어보고 이를 극복할 수 있는 방안을 강구해본다.

4. 이제는 이 재산들을 갈고 닦을 차례다. 혼자서 할 수 없다면 누군가에게 도움을 청해서라도 일을 시작한다. 성공 여부는 얼마나 꾸준히 노력을 기울이는가에 달려 있다.